Laurent Lenne

De l'Église au désert, pour revenir à l'Église

Laurent Lenne

De l'Église au désert, pour revenir à l'Église

Itinéraire d'un pèlerin

Éditions Croix du Salut

Cover image: www.ingimage.com

Publisher:
Éditions Croix du Salut
is a trademark of
Dodo Books Indian Ocean Ltd. and OmniScriptum S.R.L publishing group

120 High Road, East Finchley, London, N2 9ED, United Kingdom
Str. Armeneasca 28/1, office 1, Chisinau MD-2012, Republic of Moldova, Europe
Printed at: see last page
ISBN: 978-620-6-16993-2

Préambule

Dans ce petit livre, je vais tenter de résumer ma vie à travers la théologie que j'ai reçue et le désert qui est le mien en cette période. Une sorte de confidence, alimenté par quelques petites prières toutes simples. Dans l'aujourd'hui de nos vies, je crois qu'il est plus que jamais urgent d'aller en mission auprès des baptisés qui ont pour x raisons désertés l'Eglise.

Dans Siracide (3,29) il est cette phrase chère à mon cœur : "L'idéal du Sage, c'est une oreille qui écoute". Lorsque Ben Sirac écrira cette phrase géniale, nous sommes au second siècle avant Jésus le Christ, dans quasiment un autre monde. On ne pouvait transmettre une parole que par la prédication, c'est aussi ce que Jésus fera plus tard. Ainsi il fallait beaucoup de zèle pour convaincre dans un premier temps un auditoire, puis dans un second temps le convaincre au point de le bousculer dans sa vie. Outre la prédication, la conversation et l'écrit pouvaient aussi faire circuler la parole prophétique. C'est à travers cette inspiration intérieure que Dieu se disait.

Aujourd'hui, un peuple à l'écoute de son Dieu a pour vocation l'Eglise, une portion d'humanité qui se veut consciente de dialoguer avec le Père.

Je souhaite, amis lecteurs commencer avec cette phrase que Jésus prononce dans l'évangile de Matthieu : "Avez-vous compris toutes ces choses ?" (Matthieu 13:51);

C'est un peu la grande question qu'Il me pose lorsque je contemple ces 55 années de vie que je vous résumerai un peu plus tard, ai-je compris toutes ces choses ?

Il serait très prétentieux de répondre "oui" à cette question. Dans le chapitre 13 de cet Evangile, Matthieu explique l'enseignement de Jésus dans des détails qui lui sont propres, des petites histoires, des paraboles. Matthieu n'a pas souhaité écrire un roman, il se souvient. Il était ce publicain qui quittera tout pour suivre Jésus et il met son texte à l'usage des premières communautés chrétiennes qu'il fréquentait le plus régulièrement possible.

On peut penser qu'il a écrit en vue de la conversion de ses lecteurs, cependant l'enthousiasme de ces derniers sera fragile, méfiant. Le contexte dans lequel évoluent les premières communautés chrétiennes demeure sous la persécution des romains. C'est donc en filagramme et dans l'analyse de cette situation que nous pouvons adapter l'Evangile de Matthieu à nos propres situations.

La nouveauté dans ce texte c'est l'héroïsme des uns qui n'hésitent pas à tout quitter jusqu'à devenir pauvres. Ces gens qui rejoignent Jésus ont trouvé en Lui un idéal, tout comme Matthieu qui a tout laissé pour le suivre, il faut croiser la route de Jésus pour reconnaître en Lui, l'œuvre de Dieu inaccomplie qu'Il allait accomplir, l'œuvre de l'amour universel qu'il fallait sauver. En bon inspecteur des impôts qu'il fut, Matthieu a su faire le bon calcul en nous offrant un Evangile assez compliqué, c'est dire qu'il rentre vraiment dans les détails. Mais ses écrits s'adaptent ainsi à nos vies.

Au chapitre 20 de son Évangile, il y a cette parabole dont les acteurs sont, un journalier agricole qui trouve par le plus grand des hasards un trésor caché dans son champ, et un négociant joailler qui cherche et qui trouve une perle d'une valeur inestimable. Ces deux-là ont en commun une chance qui tombe au bon moment. Mais nous voyons que le paysan est plus futé que l'autre. Lui, c'est un homme honnête et astucieux puisqu'il va trouver une autre cachette sur son terrain. Notons qu'à cette époque le droit s'applique ainsi : le trésor appartient de fait au propriétaire du bien immobilier dans lequel il est trouvé. Ce qui les rassemble, c'est que les deux deviennent propriétaires, l'un de son trésor et l'autre de sa perle. Jusqu'ici, pas d'intrigue et nous pourrions arrêter notre méditation ici. Cependant, nous ne sommes pas dans ces deux cas dans les relations de commerce telles qu'elles se font d'habitude. Le prix est en fonction de l'acquéreur et de ses possibilités financières et il ne vient pas de la valeur de l'objet. Vient alors un choix assez radical, entre l'acquisition du champ ou de la perle, pas de second itinéraire possible.

Des trouvailles qui offrent deux conditions qui ont leur importance : une recherche longue qui aura porté ses fruits et un bonheur qui arrive d'un seul coup, provoquant un effet de surprise, à l'image de l'agriculteur qui, d'un coup de charrue va heurter l'objet.

Une dernière remarque, que ce soit le trésor ou la perle, ce ne sera pas forcément le trésor attendu pour les autres. Il y a donc ici une adéquation totale entre le chercheur et ce qu'il recherche. Qui cherche quoi ? Qui va trouver quoi ?

Un trésor caché peut-il nous rendre heureux toute une vie ? Qu'aurons-nous à découvrir ensuite ? Nous connaissons ces instants de vie ou l'on se réjouit d'une réussite et dans lesquels, après la joie retombe car nous avons le sentiment de ne plus avoir de raisons de vivre. Un peu comme le vieux couple, qui après avoir tout donné et tout risqué pour se donner l'un à l'autre n'a plus l'envie après de nombreuses années de vie commune, ces relations fusionnelles qui, après avoir trop été en osmose nous éloignent les uns des autres.

Il y a quelques années, je me promenais sur le marché de La Seyne sur mer. Arrivé devant la halle des pêcheurs, j'ai demandé quelles étaient les variétés de poissons que je ne connaissais pas et qu'ils rejetaient car ils n'étaient pas comestibles.

La réponse fut surprenante, un pêcheur me dit quelque chose comme ceci : “monsieur, chez nous, en Méditerranée, les poissons c'est comme le cochon, tout se mange. Si vous ne pouvez pas les griller ni les faire frire, vous faites une bouillabaisse ou une bourride ou bien une soupe de poissons”. Puis il ajouta : “quel est l'objectif de votre question ?”.

Je lui répondais que j'étais prêtre et que je réfléchissais sur ma prédication du dimanche sur un texte de Matthieu qui parle du vrai trésor. Je lui expliquais alors la parabole. Il me confia alors : “Nous ne sommes pas vraiment concernés par ce que Jésus peut dire, c'est un homme qui s'adressait aux pêcheurs d'eaux douces. Cependant effectivement, parfois, dans la pêche un tri s'impose, cependant rien ne se jette”.

Ma prédication avait alors un thème : “rien ne se jette”, et je pensais à cette phrase de l'apôtre Paul : “Là où tu mets ton trésor, là aussi tu mets ton cœur”.

Ainsi lorsque Jésus nous demande, à nous encore aujourd'hui : “avez-vous compris toutes ces choses ?”, Prêtres, diacres, évêques et papes, nous sommes tous de grands pécheurs. Nous blessons davantage lorsque nous faisons du mal à quelqu'un, car ce n'est pas ce que l'on attend de nous, nous devons reconnaître en nous parfois ce fameux “syndrome de l'imposteur”.

Alors je me suis mis en quête de la définition du mot “royaume”. Un royaume qui appartient aux hommes de bonne volonté. Ce royaume il est le lieu où se rassembleront ceux qui ont été capables d'aimer, c'est le peuple des vivants et des morts rassemblés qui auront cherché dans leur vie ce trésor qui leur est ainsi offert, le Royaume des cieux.

Vendre tout ce que nous avons, c'est à dire se rendre libres pour Dieu, ne pas s'enchaîner à ces richesses matérielles qui sont des misères pour l'âme. Certes le fait de vendre tout ce que nous avons n'est pas forcément attractif pour les jeunes qui vivent de petits boulots dans l'espérance d'en avoir un grand un jour. Tout est petit lorsque l'on est jeune, tout, sauf le dynamisme, l'enthousiasme et la capacité de pouvoir être assez fous pour répondre à un appel.

Ainsi le fric, le flux de la bourse qui s'agite sur l'abominable CAC 40, la maladie, la vieillesse, tout cela rend les choses plus compliquées à celui qui voit tout en grand. Pourtant les choix les plus tardifs sont les réponses les plus claires de notre existence.

Vincent Van Gogh, l'artiste-peintre né au ciel le 28 juillet 1890 avait écrit de cette belle ville d'Arles à sa sœur Wilhemine ces quelques lignes : "La couleur ici est vraiment superbe. Quand le vert est frais, c'est un vert riche comme nous n'en voyons que très rarement dans le Nord, un vert qui apaise. Quant au bleu, il va du bleu de roi le plus profond dans l'eau, jusqu'au bleu de myosotis, en passant par le cobalt, surtout au bleu clair, transparent, au bleu vert, au bleu violet...".

Alors quelle peut-être la couleur du royaume des cieux ?

La réponse est peut-être dans une lettre que le même Van Gogh avait écrit à son frère Théo : "Il n'y a rien de plus artistique que d'aimer les autres...".

Les repas et Jésus

Dans Jean 6 :53, Jésus nous dit : "Si vous ne mangez pas ma chair ni ne buvez mon sang vous ne vivrez pas". Cette phrase est riche quant à l'importance du repas eucharistique qui nous est présenté ici comme une chose nécessaire soit que par la grâce de Dieu, nous pouvons participer à la vie en Lui. Bien sûr, les personnes qui accompagnaient Jésus étaient déconcertés par de tels propos, que souhait-il leur dire ? Certains à l'époque ont même arrêtés de le suivre tant ses mots étaient forts inécoutables, immangeables, imbuvables. Ainsi une sorte de tri s'est imposé parmi ses auditeurs. Sont donc restés les plus intimes qui avaient l'habitude de partager avec Lui le pain et le vin dans la tradition Juive et qui pouvaient voir en ces mots le signe d'une préfiguration de ce mystère dont un jour ils connaîtront l'énigme. La fameuse confiance qui engendre la foi.

C'est d'ailleurs très souvent au cours de repas que Jésus vient révéler des choses extraordinaires, comme s'il souhaitait transmettre dans un premier temps pour que ceux qui étaient à table avec lui puissent recevoir, digérer et ensuite comprendre.

Jésus sera même accusé d'être un glouton par les pharisiens, ce qui ne l'empêchera pas de continuer à animer ces repas et, parfois même de répondre présent à leurs invitations-pièges, dans lesquels il ne tombera jamais.

Jésus et les repas, cela commence à Cana en Galilée, des noces où il est invité avec sa mère, Marie ainsi que ses premiers disciples, et au cours desquelles il changera l'eau en vin. Son tout premier miracle qui semble être un standard pour toutes et tous. Un grand symbole qui fera dire à ceux qui étaient avec Lui, "nous avons vu sa gloire". Mais la confiance de sa mère qui dira à ceux que Jésus charge de servir de l'eau qui s'avèrera être du vin : "Faites tout ce qu'il vous dira", une sorte d'envoi en mission de la foi naissante en celui dont Marie sait très bien au fond de son cœur qu'Il est le Fils de Dieu. En effet, ce banquet vient nous démontrer que Dieu était tout aussi capable de donner autant d'amour à son peuple qu'un jeune marié à sa future épouse. Jésus nous expliquera plus tard en Matthieu 22,1-14, que "le Royaume des cieux est comparable à un roi qui fit un festin de noces pour son fils...".

Les pharisiens en Matthieu seront donc offusqués et lui lanceront : "Pourquoi tandis que nous jeûnons, tu manges et bois du vin ? Glouton...Ivrogne". Jésus répondra à cette provocation avec une incroyable pertinence que "les amis de l'époux ne peuvent être dans la tristesse tant que l'époux est avec eux", l'époux étant considéré comme celui qui est capable d'aimer.

J'ai commencé à le dire un peu plus haut, Matthieu a fait les frais de l'un de ces repas, le jour où Jésus en a pris un chez lui. Matthieu c'était un peu "don Salluste" (joué par De Funès dans le film "La folie des grandeurs", un inspecteur d'impôts, un publicain collaborateur des romains, qui a dû renoncer à sa richesse et à ses méthodes pour radicalement changer et le suivre.

Un repas aussi chez Simon, un riche pharisien au cours duquel Jésus laisse rentrer une femme qui est en détresse et qui se jette à ses pieds. Il lui accordera un jour de Sabbat le pardon car elle lui avait montrer de la tendresse, de l'affection en somme une confiance inouïe.

Avec le Christ, partager un repas est un signe qui engendre des lendemains meilleurs, fruits du partage, du pardon et de la conversion, s'ouvrent en même temps la générosité et l'amitié.

Autre repas, improvisé celui-là, la multiplication des pains ou plutôt l'absence de nourriture pour rassasier ses auditeurs venus nombreux en ce jour. Ni Lui, ni ses disciples n'avaient prévu que ce discours serait long ce jour-là et que la foule aurait faim. Or, c'est la prévision d'un homme qui avait prévu 5 pains et 2 poissons et qui propose de les partager qui va provoquer ce miracle, si tu partages tout peut arriver finalement.

Jésus entame alors une sorte de grande fête champêtre : “Celui qui a soif qu’il boive”, voilà qui pourrait plaire aux amateurs de bon vin, mais ce n’est pas dans cela qu’il souhaite nous emmener avec cette phrase.

Souvenons-nous, sur la route qui le conduit à Jérusalem survient un imprévu : son ami Lazare est malade et on vient lui annoncer. Il faudra quelques jours pour que Jésus puisse se rendre au chevent de Lazare qui, lorsqu’Il arrive est mort et enterré. Il est trop tard et Il se trouve confronté à la mort d’un proche qu’Il aurait pu guérir s'il était arrivé à temps. Après les pleurs, il fera rouler la pierre du tombeau, et, après avoir prié le Père avec force et confiance il demandera au mort de se relever et Lazare sera ressuscité.

Ce récit de l’Evangile de Jean se situe quelques jours avant la mort de Jésus et, au cours d’un partage avec Lazare fraîchement ressuscité et ses deux sœurs, Marthe et Marie, Il laissera Marie lui verser du parfum sur les pieds expliquant que ce geste intime annonce très clairement sa mort prochaine.

Amis lecteurs, un repas demeure avant tout un signe de conversion, celle tout d’abord des aliments qui sont nécessaires à notre organisme et qui vont se changer en forces dont nous avons besoin. Jésus, d’une certaine manière souhaite au cours de ces repas susciter une autre transformation nécessaire à notre esprit, ces “repas” qui nous échappent parfois tant nos corps semblent être souvent plus important que nos âmes.

Il en sera de même pour l’institution de l’Eucharistie, il faudra que Jésus meure, comme un aliment meurt en nous pour se transformer en vie au jour de la résurrection, laisser le corps de chair afin de revêtir le corps glorieux. C’est le symbole de vie de l’eucharistie, en prenant le pain et le vin, nous sommes appelés à devenir ce que nous recevons, le Corps et le Sang du Christ.

Christ est ressuscité

Je suis confiant, dans l'espérance et je crois que Dieu est Amour, qu'Il n'est qu'Amour.

Je crois que Notre Seigneur Jésus le Christ est ressuscité des morts et que par la mort il a vaincu la mort, à celles et ceux qui sont dans les tombeaux, en descendant aux enfers durant les 3 jours qui précèdent sa gloire il a redonné vie.

Christ est ressuscité, cette phrase annonce tout d'abord un message confidentiel que les Apôtres et disciples du Maître vont tout d'abord recevoir de la bouche des femmes, qui sont allées au tombeau et qui ont reçu cette bonne nouvelle de la part de Jésus lui-même. Une phrase confidentielle qui tombe bien, tandis que les amis de Jésus sont désemparés quant aux évènements de la passion. Puis, soudainement, une joie intense et profonde qui va devenir un chuchotement, puis une parole, puis un cri. Ce cri sera la meilleure des nouvelles, le calme après la tempête.

Ressuscité, ce mot est devenu particulier aux chrétiens, mais encore trop souvent réservé au langage religieux. Ainsi, il nous est encore compliqué de percevoir la charge extraordinaire qu'il vient receler.

En effet, Jésus, le crucifié, descendu sans vie de cette croix de souffrance est à nouveau debout. Christ est vivant de toute sa stature, de toute sa splendeur. Avec la croix on a voulu faire taire la Parole, et voici qu'elle est debout à nouveau, plus vivante et plus forte que jamais, et qu'elle va se transmettre en s'amplifiant, ainsi aujourd'hui encore 2024 années plus tard elle parait neuve. Le condamné sans appel du vendredi saint, l'imprécateur, le blasphémateur puni pour ses excès de langage et ses actions jugées scandaleuses, le torturé sur lequel les bourreaux se sont sadiquement acharnés n'a pas été abandonné par son Père. Celui qui, bien que déjà mort a été encore frappé au cœur par un coup de lance est à nouveau vivant au milieu des siens.

Il est déjà présent pour Marie Madeleine et les femmes, mais il est aussi présent pour les apôtres rassemblés autour de Simon-Pierre ce roc qui fut pourtant si fragile durant le calvaire. Ce Jésus vivant atteste qu'Il est là pour toujours, au milieu des siens qui feront en sorte, une fois l'Esprit-Saint reçu qu'Il soit au milieu de toute l'humanité, jusqu'à la fin des temps. Ainsi cette annonce de la Résurrection est le fondement même de la foi chrétienne.

Mais l'on ne peut parler de la résurrection sans la mettre en comparaison au martyr de la croix que Jésus a enduré. Il est tombé trois fois sur ce chemin, lorsqu'il portait sa croix, comme pour symboliser ces trois jours de tombeau. En Lui, c'est l'homme nouveau qui retrouve sa stature véritable, celle qui fait que tous, nous sommes appelés à nous redresser de nos échecs, de toutes ces petites croix que nous pensons porter seuls, alors qu'il nous porte dans ces instants-là. Tous les hommes, en effet, reçoivent de cet évènement un nouvel éclat sur la dignité insurpassable qui les marque. En Jésus ressuscité, l'humanité est réellement image et ressemblance de Dieu.

L'homme debout, c'est sa grandeur morale, mais aussi sa grandeur dans la création artistique, dans la recherche scientifique, dans la construction du monde, dans l'écologie, sans pour autant passer à côté de notre aventure humaine.

L'homme torturé du vendredi saint, bien que rayonnant de gloire porte encore les traces de ses blessures et il nous les montre : "Voyez mes plaies", attestant par cette phrase le droit de tout homme à l'inviolabilité de son corps et le droit à l'intégrité physique de la naissance jusqu'à la mort.

L'homme victime du mensonge du vendredi saint atteste le droit de chaque homme à la vérité, le devoir de chacun de s'en sentir redevable à l'autre.

L'homme trahi et humilié du vendredi saint atteste le droit de chaque homme à la dignité, au respect et à la prévenance.

L'homme condamné du vendredi saint par la manipulation des lois atteste le droit de chaque homme à la justice.

Lorsque Ponce Pilate lance son "ecce homo" (voici l'homme), sans le savoir, il éclaire les évènements qui vont suivre. C'est en effet dans ce crucifié ressuscité que l'homme peut comprendre ses devoirs, sa destinée mais aussi ses droits. Ainsi, dans la fidélité de cette révélation, l'Eglise se doit aujourd'hui de témoigner, un témoignage qui porte sur la résurrection du Christ, mais aussi sur l'homme en humanité révélé par Jésus dans toute la plénitude d'une destinée rassemblée dans le corps meurtri mais ressuscité de Christ, véritable source de nos droits et de nos devoirs. Cela implique un enthousiasme certains pour nous, mais cela requiert que, comme Jésus, et à cause de Lui, nous sachions dire non à ce qui nous détourne de notre destinée.

-Non au pouvoir corrupteur de l'argent, non à l'exclusion pour motifs de race, de nationalité, de religion, à cause de Jésus condamné dans le mépris du droit et de l'équité.

-Non à la torture et à la violence, à cause de Jésus frappé et achevé dans la souffrance physique et morale.

-Non aux conditions dégradantes de pauvreté à cause de Jésus dépouillé de ses vêtements.

Jésus crucifié et ressuscité nous éclaire sur la stature infinie de l'homme. Pendant la semaine sainte, nous apprenons que l'Evangile n'est pas une religion de l'âme et du sentiment, mais une conversion entière d'une personne et de sa vie. Une conversion si profonde qu'elle vient aussi changer notre façon d'être en société. J'ose parler de cette espérance, alors que mes nombreux doutes viennent sans cesse la mettre en danger.

Le chrétien comme le Christ est signe de contradictions, on peut parfois s'offusquer sur le décalage entre l'Evangile et les mœurs, mais ce décalage serait malheureux si les chrétiens se constituaient en forteresse absolument insensible à l'environnement du monde. Cependant un décalage pour la vie, pour la promotion des droits des jeunes, pour la reconnaissance de la dignité de l'homme, pour le développement des peuples, pour un partage plus équitable des biens économiques serait alors bienheureux. Nous vivons sans cesse le combat des plus pauvres contre les plus riches et nous crevons de cela. Alors il faudrait qu'à travers l'homme debout, nous puissions changer pour un accès égal à l'éducation et au travail, et tant d'autres signes d'humanité qui sont entre les mains d'un pouvoir qui ne semble plus pouvoir grand-chose. Le chrétien détient le pouvoir de ressusciter, Jésus et ses disciples ne se sont pas souciés de plaire, leur ligne de conduite s'oriente sur ce qu'ils reçoivent comme exigence de vérité et non pas sur ce qui pourrait convenir au plus grand nombre.

Molière disait que la grande règle au théâtre est de plaire, mais depuis la mort et la résurrection du Christ, le monde n'est plus un théâtre, les personnes ne sont plus des personnages, l'action humaine n'est plus une fiction, la vie n'est plus un décor. Pilate avait posé la vraie question : "qu'est-ce-que la vérité ?", nous pouvons lui répondre aujourd'hui que la vérité se trouve dans l'Evangile et que l'homme qu'il présente à la foule, c'est le Christ. Ainsi, désormais, la grande règle n'est plus de plaire mais de vivre en vérité. Avec le ressuscité, l'homme est sorti de tous les tombeaux de la terre et il accède à son essentiel.

Jésus le Vivant, ta Parole vient toucher mon esprit à chaque fois que mon corps tombe, ainsi, je suis élevé avec toi. Tu me redis sans cesse que tu as les paroles de la vie éternelle, ainsi la mort se tait et tu fais de ma vie une parabole, afin que lorsque je serai devant le Père, je puisse être libéré de toutes les morts que j'aurais traversé dans ma vie.

Je suis né le 23 décembre 1968, à Toulon, rien n'était prémédité, mes parents venaient de se rencontrer, une seconde union pour les deux, maman avait 42 ans et papa 47. La providence a voulu que ma mère tombe enceinte tardivement pour l'époque et mon père n'était pas vraiment ravi, lui qui avait déjà 5 enfants. Cependant, pour maman, j'étais une espérance à laquelle elle ne croyait plus et qui se réalisait.

J'ai vécu une enfance extraordinaire, enfant désiré pour l'une, et petit dernier pour l'autre, j'ai été très, trop gâté, bien que mes parents m'aient offert une véritable éducation, dans le respect de l'autre et dans une certaine rigueur à travers un amour fort.

J'ai été baptisé 10 jours après ma naissance, mon père Charles Lenne, communiste avait conservé ce sens du devoir chrétien bien que bouffant du curé.

Maman était une femme discrète, dévouée mais non-pratiquante, je dois donc mon baptême à ce père militant de Georges Marchais. Mais je persiste à penser aujourd'hui qu'il avait une foi chrétienne naturelle, son métier de brocanteur offrait à notre jardin d'être une brocante à ciel ouvert. Ses "employés" étaient tous des sdf vivant dans différentes cabanes sur notre terrain et partageant nos repas, nous étions ainsi une grande famille. Papa n'était pas un homme fidèle, les années 70 étaient marquées à Toulon par la fameuse rue du canon, les prostituées faisaient leur commerce dans des bars louches que mon père fréquentait, et je puis dire que j'ai un peu aussi grandi sur leurs genoux.

Quant à maman, je dirai que l'amour d'une mère est le plus authentique, celui qui nous apprend à vivre et à aimer. Lorsque je lui fermerai les yeux, le premier mai 2003, avant de partir, elle me confiera que je suis l'amour de sa vie, et je pense avoir construit ma vie d'après autour de cette dernière phrase.

C'est pourtant (encore une fois) grâce à mon père que j'ai rencontré le Seigneur, j'avais sept ans, j'aimais, lorsque je n'avais pas l'école aller avec lui pour débarrasser les caves et appartements. Ce jour-là, c'est la maison de retraite des pères maristes, située à 200 mètres de chez nous qui l'avait sollicité pour débarrasser ses garages, c'était un mercredi, donc je suis allé avec lui et j'ai immédiatement visualisé la chapelle, j'étais depuis ma tendre enfance, très attiré par les églises, ainsi, tandis que mon père réglait ses affaires avec le père supérieur de la communauté, je suis entré dans la chapelle. Ce jour-là, il y avait la messe, je me suis mis dans le fond, et j'ai été immédiatement imbibé de ce qui se passait, pourtant c'était un jour de semaine, peu de monde, messe basse célébrée par un vieux père à la barbe grisonnante. Du haut de mes sept ans, voyant les personnes faire la queue pour la communion, je me suis mis naturellement dans cette queue et j'ai communié. Je me souviens qu'à la fin de la messe, le prêtre est venu vers moi pour me demander si j'avais fait ma première communion, j'ai balbutié une sorte de "non", alors il m'a demandé pourquoi je me suis avancé pour recevoir l'hostie, je lui ai répondu que c'était pour me rapprocher du "petit Jésus", alors il m'a répondu que j'avais fait ma première communion ce jour-même. Bien sûr quelques années plus tard, j'irai au catéchisme et je ferai officiellement ma première communion.

Je vais vivre toute mon enfance, et toute mon adolescence avec ces pères, frères et sœurs maristes, je serai bercé par une éducation religieuse forte de leur part, et en tous genre, en effet cette communauté était très plurielle, certains étaient d'anciens missionnaires et théologiens, ils m'apporteront la catéchèse, d'autres (un frère) étaient très engagés dans le renouveau charismatique naissant à cette époque, il m'apportera le kérygme, les sœurs étaient très mystiques, elles me feront faire connaissance avec Lourdes, Le Laus, Padre Pio et Marthe Robin, vous imaginez le bonheur que j'ai eu de pouvoir connaître tous ces trésors de l'Eglise durant le temps d'une enfance. Tout cela me porte à une réflexion, ces "fous" de Dieu que j'ai eu la joie de rencontrer très tôt, qui ont ancrée ma foi naissante comment se fait-il qu'ils soient aussi convaincants ?

Les fous de Dieu

Ces fous sont capables d'amour à chaque instant, l'apôtre Paul est un fou de Dieu, un fou qui nous invite à réfléchir sur notre propre vie et ses conséquences. On ne peut pas relier les lectures de chaque jour, mais les orienter vers nos propres vies pour que la Parole de Dieu soit efficace, actualisée et réactualisée sans cesse. Ce Paul heurte les cœurs avec des mots bien ciblés qui, s'ils ne sont pas actualisés et réactualisés sans cesse sont lettres mortes, cependant, Paul ne se situe pas dans une perspective d'opposition, mais dans celle d'une fidélité aux différents charismes que Dieu nous accorde, là est le véritable trésor que cette Parole vient nous suggérer. Ainsi, dénaturer les écrits de Paul lorsque parfois, ils semblent nous déranger serait en fait, la détacher de l'ensemble de ce qui constitue nos propres vies, nous ferait alors nous étendre sur la promotion d'une virginité qui ne nous est pas demandée puisque le but initial de notre humanité est la vie.

Aussi, il nous faut remettre tout cela dans son contexte, l'apôtre des gentils vient aborder les exigences de la vie dans la richesse, avec un exemple concret, celui de l'union d'un homme et d'une femme dans la pleine et parfaite réalisation du mariage qui est un charisme que le Père accorde aux deux, soit un amour entier et total qui ira jusqu'à se promettre fidélité devant Lui et devant une assemblée humaine, dans l'Eglise Corps du Christ. Paul va bien sûr souligner aussi les avantages du célibat, une façon pour lui de se rendre plus disponible pour Dieu. Alors effectivement, même si je me revendique comme étant un catholique libéral, je pense que l'on ne peut pas tout confondre en demandant sempiternellement à l'Eglise de tout créditer.

L'Eglise se fonde sur la Parole de Dieu qui demeure vivante dans la Bible. Cette parole est ouverte car elle est parole de vie, et qu'elle nous renforce en marchant avec nous. Aussi si elle s'appuie sur cette parole, l'Eglise est obligée de préserver l'essence même de la Parole afin que l'humanité puisse trouver un chemin sage et raisonnable. Bien sûr le Christ n'a jamais été dans le jugement, et nous devons l'imiter en étant serviteurs des plus pauvres, des exclus, des pécheurs (que nous sommes nous aussi). Cependant, comme un gage d'espérance qu'il trace aussitôt dans celui ou celle qu'il redresse, Jésus dira : "vas et désormais ne pèche plus".

Ainsi l'amour ne doit pas se gâcher, nous devons le cultiver afin de pouvoir récolter tous les fruits qu'il nous donne, ces fruits qui sont don de Dieu, ça peut paraitre une folie aujourd'hui, c'est la folie des fous de Dieu, de bon augure qui vient centraliser l'amour au cœur même de notre vie.

Être fou de Dieu, c'est donc se laisser transformer par l'enseignement de Jésus, afin de mieux s'engager à sa suite dans son œuvre de libération, selon une vocation qui nous est propre, dans notre vie, dans nos situations personnelles en liant cet ensemble au Père, car c'est avec l'amour qu'il a pour nous que nous devons nous aimer.

En mettant l'amour en état de grâce, Dieu permet à l'homme de l'aider avec son tout-amour à Lui, peu à peu, c'est à dire au rythme où se conjuguent la volonté de Dieu avec celle de l'homme.

Bien sûr, nous nous sommes fait une image tellement surnaturelle et si peu humaine de l'amour de Dieu que certains d'entre nous hésitons souvent devant cette irruption dans notre cœur d'un don encore plus grand que ce dernier. Imaginons une personne avouant à celui ou à celle qu'il aime, qu'il l'aime avec l'amour de Dieu, la réaction ne serait peut-être guère favorable, pourtant comment aimer plus, comment aimer mieux qu'avec l'amour du Père ?

Le vrai disciple est un chercheur, il cherche à comprendre le message du Christ afin de pouvoir marcher avec Lui, sa foi est profonde car au début de cette rencontre, il a affirmé sa foi. Lorsque l'on ne se pose plus de questions sur Jésus, c'est qu'on l'a déjà classé dans nos archives, mais l'on sait très bien que ce que nous plaçons aux archives, nous pourrions en avoir besoin un jour. Aussi, Jésus serait-il pour nous aujourd'hui un objet classé ?

Dieu nous a fait libres, sachons abuser de cette liberté afin qu'à l'image des fous de Dieu nous soyons capables d'aimer et de luire de la lumière du Christ et ce même lorsque nous pensons que les ténèbres sont éternelles, la nuit comme le jour est lumière.

Jésus le Vivant, tu viens me dire dans ton Evangile d'amour de marcher et de veiller. Aussi lorsque je me sens fatigué, toi le ressuscité tu marches et tu veilles avec moi, soudain je suis dans la joie de ta présence et mon fardeau devient joie profonde.

Viens et suis-moi

Cet appel, je l'ai ressenti en moi dès l'âge de sept ans, dans la petite chapelle de la maison de retraite des maristes. Je passerai de long après-midi en silence et seul dans ce lieu. C'est là que je ferai ce que j'appelle une vraie rencontre, la vraie rencontre de ma vie, celle avec Jésus qui a su capter mon âme toute neuve d'enfant et ses différentes problématiques. Les pères, les frères et les sœurs, âgés étaient devenus mes amis, mon temps libre, je le vivais avec eux et dans ces temps de silence à la chapelle. J'ai appris à aimer, j'ai appris la contemplation ainsi que l'adoration.

Cet appel du Seigneur à le suivre, je l'ai tout d'abord gardé pour moi durant plusieurs années, je ne me voyais pas dire à mon père que je souhaitais devenir prêtre. Je suis tout de même allé à la paroisse pour faire mon catéchisme et enfin vivre ma première communion officielle. Pour mes camarades c'était une première fois, mais pour moi aussi d'une certaine manière, l'Eucharistie à chaque fois nous transcende dans une première fois, un cœur à cœur puissant avec le Christ, un moment de vérité entre Lui et nous, encore plus fort que la plus merveilleuse des histoires d'amour, en fait, l'amour vient de Jésus eucharistie.

Je n'ai donc jamais confié à personne cet appel du Seigneur à le suivre. Pourtant, un jour, arrivant à la maison avec mon vélo, je fus surpris de voir le curé de la paroisse en discussion avec mes parents, "surpris", est un petit mot, je dirai terrorisé, j'avais douze ans. Ma mère me lança : "tu ne nous avais pas dit que tu voulais être prêtre", pour atténuer la situation j'ai dit : "pas prêtre, diacre". Alors le curé expliqua que le vieux père mariste, celui de ma sainte rencontre l'avait informé qu'il ressentait en moi cette vocation à répondre oui à l'appel du Seigneur. L'idée de rentrer au petit séminaire fut donc évoqué avec le curé, mais c'était déjà la fin de ces établissements.

Je ferai donc ma profession de foi et ma confirmation dans la chapelle de mon collège, l'institution Sainte Marie à La Seyne sur mer, institution gérée par les pères maristes, c'est l'évêque de Fréjus Toulon, monseigneur Gilles Barthe qui me confirmera.

Après un long parcours, nous avons trouvé un foyer-séminaire à Nice. L'idée des foyers-séminaires était que des jeunes gens suivent leurs cours dans un collège ou un lycée, tout en vivant en communauté au foyer en discernant sur l'appel du Seigneur. Je rentrerai donc au foyer saint Paul à Nice, c'est là que je rencontrerai un prêtre fraichement ordonné qui m'apportera beaucoup, par sa jeunesse, il avait 28 ans, par son engagement tout neuf et surtout par son attachement aux vraies valeurs de l'Evangile, ce prêtre est Norbert Turini qui est aujourd'hui archevêque de Montpellier. Sans le savoir, mais il était dans ce que le Seigneur attendait de lui, cet homme a marqué ma vie à tout jamais. Cependant, ma vocation a pris le dessus sur ma vie d'élève. Me sentant bien en communauté, dans une institution religieuse, j'avais du mal au collège. J'irai jusqu'à sécher les cours, pour passer de longues heures en silence à l'église Notre Dame du port à Nice, située juste à côté du foyer. Le père supérieur s'en apercevra et le notera sur son compte rendu au directeur du service des vocations de mon diocèse de Fréjus Toulon qui était à l'époque le père François Bouttin. Je quitterai Nice en fin d'année scolaire, après avoir été hospitalisé à l'hôpital Lenval pour des problèmes digestifs.

Je serai alors scolarisé dans un établissement catholique vers la maison familiale durant un an, pour rejoindre un autre foyer-séminaire à Valence, tenu par les pères du Saint-Esprit. Au cours d'une recollection, je rencontrerai un prêtre qui était le directeur du service des vocations du diocèse de Valence. Tout pareillement que Norbert, un homme merveilleux que je choisirai comme directeur spirituel, le père Alain Planet. Il est à noter que Alain sera bien plus tard évêque de Carcassonne, décidément les futurs épiscopes m'entouraient.

Mais je ferai la même chose qu'à Nice, l'école buissonnière et le refuge dans une église pour mes longues heures de contemplation et d'adoration. Cependant, à Valence quelque chose en moi a changé, effectivement j'étais obèse et je me suis mis à faire un régime draconien, j'ai perdu 30 kilos et avec ces kilos je suis enfin devenu le petit séminariste que je n'étais pas toujours en communauté. Le père supérieur écrira une lettre en fin d'année au directeur du service des vocations de mon diocèse expliquant à la fois mes erreurs et ce changement radical.

Le père Bouttin étant devenu supérieur du séminaire de la Castille à Toulon me convoqua donc au séminaire. Dans un premier temps je déjeunerai avec les séminaristes, puis je serai convoqué dans son bureau. Malgré mon changement radical au foyer séminaire de Valence, il m'affirmera que je ne serai jamais prêtre du diocèse de Fréjus Toulon et qu'il avait peut-être pour moi une solution : rejoindre la communauté des frères de Saint Jean. Je repartirai du séminaire en larmes, faisant les 20 kilomètres me séparant du domicile familial en scooter, sous une pluie battante en étant davantage mouillé de mes larmes que de la pluie, j'avais dix-sept ans. Pourtant, vous verrez par la suite que ce prêtre m'a beaucoup donné sans qu'il le sache 35 ans plus tard.

Je téléphonai donc au père Planet lui expliquant ma situation et lui demandant de rejoindre le diocèse de Valence. Alain m'expliqua que c'était possible mais qu'il me donnait 15 jours pour le rappeler, que ce soit oui ou non. Durant ces 15 jours, je rencontrerai la vie, ses joies, la musique et je ne le rappellerai jamais.

Jésus Fils de Dieu

Lorsque je repense à mon adolescence, je me dis que j'ai eu cette joie de pouvoir avoir cette certitude qui ne m'a jamais quitté, dans l'Evangile Jésus a montré qu'Il est le Fils de Dieu et Dieu lui-même. S'il était capable de guérir des malades, de ressusciter des morts, ce n'est pas à cause de ses prouesses que cette révélation s'affirme pour moi. C'est encore une fois cette Parole, une Parole qui dès son origine est appelée à se transmettre, en effet, Jésus lorsqu'il s'adressait aux foules n'avait pas de micro, et sa voix ne pouvait pas porter au-delà des premiers rangs de la foule. Ainsi, certainement, ceux qui avaient entendu Jésus commençait à répéter cette parole et probablement, déjà en l'actualisant c'est à dire en la transmettant à ce qu'ils en avaient compris, c'est ainsi que ceux qui étaient au fond la recevait. Le choix de Dieu de rendre ainsi vivant ce qu'Il souhaitait nous dire à travers une Parole qui s'avérait déjà une prédication. Une Parole qui, aussi simple soit-elle est encore prêchée de nos jours, puisque de Dubaï en Australie, le monde entier lorsqu'il célèbre la nouvelle année, célèbre parfois, sans le vouloir l'anniversaire de la naissance de Jésus. Nous sommes, au moment où j'écris ces lignes en 2024, après Jésus-Christ et ce, malgré les différents calendriers attribués à d'autres religions qui restent obsolètes, l'humanité aujourd'hui a fait de la naissance du Christ l'année zéro, quelle réussite pour une parole semée dans un petit coin de Galilée il y a 2000 ans.

Dieu, dans le premier testament ne touchait qu'un peuple choisi. Par Jésus le Christ, Dieu devient universel. Parfois cette Parole est connue sans qu'on ne sache vraiment qu'elle est chrétienne, qui n'a pas déjà entendu ou dit :

-"nul n'est prophète en son pays."

-"jettes la première pierre."

Tout le monde a au moins prononcé une fois dans sa vie une parole de Jésus, l'humanité a été touchée d'une parole Divine qui est sortie de la bouche d'un homme, afin que par cette proximité, nous puissions toujours avoir ce lien entre Lui et nous.

Ainsi Dieu n'est plus celui dont on a peur, Il devient proche en Jésus, Il est notre papa, il veut partager nos fardeaux et les porter avec nous, mais il veut aussi partager nos joies dans l'action de grâce que nous délaissons trop souvent dans nos prières. Le Père connait intimement le cœur de chacun d'entre nous, Il se désole certainement, de nous voir souvent nous lamenter sur nous-mêmes, il sait que nous avons besoin de la joie, afin de gouter aux richesses et aux trésors que son Esprit nous offre.

Ainsi, par Jésus, Dieu parcourt les villes et les villages, Il nous enseigne, nous parle, nous bouleverse, nous anime et il est toujours possible de sauter dans ses bras, même lorsque nos vies semblent sales et pitoyables.

Le dolorisme n'est pas chrétien. Dieu n'est pas celui qui veut trier l'humanité, mais celui qui souhaite la rassembler, la recycler. Avec le Père rien ne se perd, rien n'est jeté.

Lorsque nous parlons du diable, le Satan signifie l'autre partie de nous-mêmes, le côté sombre, et le "diabolos" est celui qui divise. Quant à l'enfer, c'est le choix que nous faisons bien souvent de ce côté sombre, l'enfermement, ainsi Dieu nous fait sortir de ces prisons de l'enfermement par ce côté lumineux qu'Il nous envoie et tout devient possible à celui qui croit, à celui qui est conscient de ce tout-amour qu'est le Père, qu'il nous transmet par la parole de son Fils et qui demeure en nous par son Esprit.

Dans l'Evangile de Matthieu 11:15, Jésus dit : "Que celui qui a des oreilles entende ce que l'Esprit dit aux Eglises...", puis dans celui de Matthieu 15:58, Il est dit : "là Jésus ne fit pas beaucoup de miracles à cause de leur incrédulité...".

Ces phrases viennent nous expliquer que ces miracles ne sont pas pour convaincre des incrédules, mais pour asseoir la foi qui existe déjà chez les croyants et les mettre en route. Pour Marc, chez les incrédules, les miracles n'avaient pas d'effets, "ne pouvaient même pas agir". De même lorsqu'il s'agit des corps, certains exercent une attraction naturelle sur d'autres, comme la pierre aimantée sur le fer, le naphte sur le feu, de même, la foi attire probablement le miracle de Dieu. Ainsi, Matthieu et Marc souhaitent nettement établir la supériorité de la puissance Divine capable d'agir, même dans l'incrédulité, sans pour autant avoir la même puissance que devant la foi de ceux qui bénéficient du miracle.

Alors Marc nous dit : "Il guérit seulement quelques malades en leur imposant les mains...Marc 6:5-6". Nous nous rendons compte, que la puissance de Dieu va au-delà de l'incrédulité, tant sa miséricorde est infinie et il triomphe de cette incrédulité en réglant au cas par cas, et souvent dans l'urgence, afin de faire de nouveaux témoins. Ainsi, avec Dieu par le Christ, tout devient possible à celui qui croit.

L'amour est un miracle, le plus grand le plus fort, le plus visible, un miracle qui se transmet en paroles et en actes.

Jésus clandestin de nos cœurs, apprends-nous la mission. Tu nous a envoyé l'Esprit-Saint qui révolutionne l'amour en le transcendant, tu nous offres de nous rassembler dans ta Parole et dans le partage du pain et du vin, alors nous prenons conscience de notre véritable existence et tu nous envoie le dire aux autres.

Ma vie sans l'Eglise

J'ai commencé à devenir non-pratiquant à l'âge de 18 ans. Je découvrais ainsi une vie nouvelle et la musique. Mon objectif étant de réussir dans la chanson. Auteur-compositeur et chanteur, j'enregistrai alors mon premier 45 tours "Paris c'est toujours la terre", qui sera produit et obtiendra un joli succès au Canada. J'enchainerai alors les tournées en première partie de vedettes tels que Frédéric François, Serge Lama, Catherine Lara, Michel Leeb, Michel Fugain, les radios, les télévisions et les studios d'enregistrements. Je me souviens même m'être ennuyé dans une église lors d'un mariage dont j'étais le témoin. J'avais encore la foi, mais plus du tout le désir de m'engager dans l'Eglise. Puis j'ai eu quelques "fiancées", je vivais alors ce que beaucoup de jeunes hommes des années 80 vivaient à l'époque, les boites de nuit, et ma carrière artistique qui prenait tout mon temps.

Je vivrai ainsi jusqu'à l'âge de 27 ans. C'est un premier mai que je rencontrerai celle qui est encore ma femme aujourd'hui, Michèle. La relation devenant sérieuse, il me fallait trouver un boulot plus stable que la musique. On me disait que j'avais une voix pour faire de la radio, je ferai donc une maquette que j'enverrai à toutes les radios de Toulon, et c'est la radio catholique Arc en ciel devenue aujourd'hui RCF qui m'embauchera pour présenter les informations locales. Quel clin d'oeil du Seigneur pour me ramener vers lui. Mais dans un premier temps je resterai non-pratiquant, même lorsque l'on me confiera la présentation des informations religieuses. C'est dans ce cadre, qu'un dimanche j'irai faire un reportage sur la préparation des journées mondiales de la jeunesse. Durant l'office il y eut un temps de silence, et en voyant tous ces jeunes prier en silence, mes yeux se sont alors inondés de larmes et j'ai été porté jusqu'à entendre de nouveau le Seigneur qui m'appelait à revenir et à le suivre. Ce temps m'a bouleversé et je suis immédiatement allé à ma paroisse que j'avais désertée depuis 10 ans pour parler au curé, le père Guillot. Je m'engageais de nouveau au service de la paroisse en tant que servant de messe, puis plus tard dans la célébration des obsèques. Le père Guillot nous préparera au mariage, Michèle et moi et c'est le 3 octobre 1998 que nous recevrons le sacrement. Ainsi, la paroisse autour de son curé me posera la question : "pourquoi ne pas devenir diacre permanent ?". J'appellerai alors le diacre Gilles Rebêche que je connaissais bien à travers le réseau de la radio qui me conseillera un cheminement à travers le discernement, tout en sachant qu'il faudrait une dizaine d'années de mariage pour parvenir à être ordonné diacre, après la formation requise évidemment. Michèle s'investira en tant que coiffeuse bénévole aux "amis de Jéricho" association membre de l'union diaconale du Var, et nous nous investirons ensemble dans la vie de notre paroisse.

Malheureusement, nous trouverons une impasse, venant du prêtre chargé des diacres permanents de l'époque. Apprenant que Michèle avait été mariée civilement lors d'une première union, il nous dira qu'elle n'a pas la fiabilité requise pour être une femme de diacre.

Nous sommes rentrés désemparés et elle était vexée de cette phrase, jusqu'aux larmes. Bien sûr une certaine colère s'est emparée de moi, bien que l'appel du Seigneur soit toujours là.

C'est dans le cadre de la radio que je rencontrerai Michel Languillat, pasteur réformé de Toulon, qui venait enregistrer des émissions. Je demanderai à Michel la démarche pour devenir pasteur protestant. Après avoir discerné avec lui qui m'enseignait aussi l'Hébreux, il me dit clairement que j'étais profondément catholique et que c'était une Bonne Nouvelle, car Michel était un fervent défenseur de l'unité des chrétiens.

En 2000 je deviendrai papa, avec la naissance de Charlyne. Depuis deux années, nous fréquentons la chapelle Copte-Orthodoxe du Revest dans le Var, c'est en effet le pasteur Michel qui m'avait présenté aux 2 évêques de l'éparchie Copte Orthodoxe Française. Ces deux années ont marqué une formation théologique dans laquelle je découvrais l'Orthodoxie. Je serai ordonné lecteur, sous-diacre et, le jour du baptême de Charlyne, je serai ordonné diacre en vue du sacerdoce dans l'Eglise Copte Orthodoxe.

Mais les évêques n'étaient présents que 3 fois par an, et le reste du temps la chapelle était fermée. Je confiais alors à Michel Languillat ma soif de vivre en Eglise, ce que je n'avais pas dans l'eglise Copte. Ce dernier me mettra en contact avec le père Bernard Vignot, prêtre de l'église vieille-catholique de l'union d'Utrecht. J'irai à Paris, et c'est à la cathédrale américaine, après la messe que je le rencontrerai. En effet les vieux-catholiques étant en communion avec les anglicans, le Père Vignot avait fondé à la cathédrale Américaine une communauté francophone, et je me dois de dire que je retrouvais là, un rite qui m'était familier avec une église plus libérale. Mon diaconat sera reconnu par le synode de l'Eglise Episcopale et je serai entre les mains de Mgr Pierre Whalon qui me conseillera de créer une communauté à La Seyne sur mer tout en suivant une formation théologique dans le cadre de la cathédrale Américaine et au Centre anglican de Rome.

Avec Michel Languillat et l'accord de mon évêque, nous aurons alors l'idée de créer une communauté dans l'esprit de Taizé. Nous partirons donc ensemble à Taizé rencontrer le frère Roger et lui expliquant notre projet d'une paroisse dans l'esprit de Taizé. Le frère nous bénira après nous avoir écouté. Nous ne garderons de lui que de très longs silences et une phrase : "Taizé a pour objectif de rester à Taizé, mais vous pouvez chanter et prier en communion avec nous...".

De retour dans le Var, le conseil presbytéral de l'église réformée de Sanary nous confiera le temple de La Seyne, rue Taylor, c'est dans ce lieu que naîtra la chapelle de l'unité. Ainsi, une fois par mois, nous vivrons un temps de partage biblique animé par le pasteur Michel et un temps de célébration suivi des agapes avec anglicans, catholiques, protestants, évangéliques...Nous étions de plus en plus nombreux à ce rendez-vous mensuel, tandis que la communauté anglicane se rassemblait chaque samedi soir pour la prière commune. Nous avions choisi le samedi afin que chacun puisse, le dimanche aller dans sa paroisse.

Je resterai diacre 8 ans. La formation théologique et biblique terminée, je passerai un examen oral à la cathédrale Américaine qui durera toute une journée, avec des examinateurs catholiques et anglicans, nous commencerons par Moïse et nous terminerons assez tard par le mouvement d'Oxford. Un examen auquel je serai reçu et qui allait permettre de m'ordonner prêtre.

Nous conviendrons d'une date avec mgr Whalon, le 5 décembre 2005. J'envoyais alors les cartons d'invitation à mon ordination qui devait se dérouler dans la chapelle de l'unité, et la paroisse se préparait à cet évènement. Mais deux rendez-vous que l'évêque pensait sans histoires allaient compliquer la situation. Le passage devant les deux conseils, celui pour les ministères et le conseil des conseils. Il faut savoir que, dans la communion anglicane ce n'est pas l'évêque qui a le dernier mot, mais les deux conseils. Mgr Whalon avait fait passer un peu en "forcing" deux autres candidats avant moi, or, pour mettre un terme à cela le second conseil refusera de m'ordonner prêtre me demandant de cheminer encore un an. Situation dramatique car nous étions à un mois de mon ordination. De plus le conseil souhaitait m'envoyer aux Etats-Unis afin que je sois parfaitement bilingue pour pouvoir être prêtre dans une église anglophone. En réalité, le conseil ne se souciait guère de la chapelle de l'unité.

Consultant le père Vignot, je rencontrerai donc l'évêque vieux-catholique Mariavite, Mgr André Lebec. Je serai amené à poursuivre une formation liturgique trois jours par mois en l'église mariavite de Paris, tout en poursuivant la chapelle de l'unité qui ne céssait de grandir dans le Var. En 2007, je serai réordonné diacre sub conditione, les mariavites étant restés très catholiques, puis le 5 avril 2008 je serai (enfin) ordonné prêtre par le primat de l'église vieille catholique mariavite, mgr Jablowsky, en présence des prêtres de la paroisse Parisienne, du père Vignot, et de quelques fidèles de la chapelle de l'unité ayant fait le déplacement à Paris.

Je conjuguerai ainsi mon ministère de prêtre, avec mon métier de chanteur, je chantais en effet dans des orchestres, dans plus de 100 maisons de retraites par an, tout en composant toujours des chansons qui faisaient l'objet de disques qui n'avaient pas vraiment de succès.

Je revenai à La Seyne sur mer prêtre, dans la chapelle de l'unité. Je serai souvent invité à prêcher à l'église protestante de Sanary avec laquelle nous avions créé un parcours alpha.

Le pasteur Michel étant né au ciel en 2005, je poursuivais mon engagement dans le groupe œcuménique du Var.

Mais dans ma vie professionnelle, mon manque de notoriété mettait un frein à ma création artistique. C'est ainsi qu'à l'insu de mon plein gré, une paroissienne enverra deux photos de moi, l'une en prêtre, l'autre en chanteur à la production de l'émission secret story. Moi qui n'avais jamais même regardé une “star academy”, je reçu un appel de la production me demandant à aller à Paris pour faire le casting de secret story. J'ai pas mal hésité, puis conscient que beaucoup accédait à une carrière suite à ce genre d'exposition, j'y suis allé. J'ai été choisi pour participer à l'émission, mon secret étant d'être prêtre.

Je dois vous avouer que je n'avais jusqu'ici jamais mélangé ministère et métier, et que cette opportunité était pour moi le fait de ressortir chanteur de l'émission, dans laquelle je ne pensais rester qu'une semaine.

Je rentrerai dans l'émission fin juin 2008, soit 3 mois après mon ordination sacerdotale, ne pensant pas aux complications que cela pourrait produire par la suite. Je dis encore aujourd'hui qu'il est plus intéressant de vivre ces émissions que de les regarder à la télévision. J'étais, en effet un homme de 39 ans qui allait vivre dans une maison avec 15 jeunes âgés de 17 à 27 ans. Tous ont fait de moi leur “papa” dans la maison et je ne serai jamais nominé pour sortir. Deux mois plus tard, je ne savais plus comment partir de l'émission, alors que je me sentais enfermé, bien qu'aimé par tous ces jeunes qui souhaitaient que je reste. Je ferai un duo avec mon ami Francis Lalanne devant plus de 8 millions de téléspectateurs ce qui réconforta la raison du pourquoi je m'étais embarqué dans cette galère : une notoriété pour faire enfin un disque qui marche.

Pour partir, j'ai donc révélé aux habitants mon secret. J'ai rassemblé tout le monde dans le salon et je leur ai dit que j'avais été ordonné prêtre quelques 5 mois auparavant dans une église qui accepte les hommes mariés. Ils ont tous applaudit, et cela m'a offert la possibilité de quitter l'émission. Lors de mon départ, un jeune a dit le “Notre Père”, et me voici libre, accueilli sur le plateau par Benjamin Castaldi qui lancera avant mon entrée : “et maintenant nous accueillons le père Laurent”.

C'est là d'ailleurs que va naître “le père Laurent”. Moi qui pensais sortir de cette émission en étant un chanteur, je devenais le père Laurent, que l'on arrêtait dans la rue pour prendre des photos, celui que l'on sollicitait pour bénir des objets, bref je suis sorti de là en étant l'un des prêtres les plus connus de France, et aucun album n'a marché.

Prêtre oui, mais donnant des sueurs froides à mon pauvre évêque. Je reviendrai à La Seyne sur mer un samedi, et j'irai directement à la chapelle de l'unité célébrer la messe. La messe dans l'émission, je l'avais célébrée une fois, seul dans la salle du CSA avec un morceau de pain et un verre de vin, comme cette rencontre avec Jésus Eucharistie m'avait manqué. J'ai appris que c'était un père mariste de 90 ans qui nous fréquentait qui m'avait remplacé durant mon absence, le père Philippe d'Humières, l'unité des chrétiens avait survécu à mon âme de saltimbanque, et je m'en réjouissais.

Après ma sortie, le père Vignot me visitera à la maison fin aout 2008, accompagné d'un ami en commun prêtre catholique Romain, le père Olivier Spinoza, aujourd'hui recteur de N.D de la Garde à Marseille. Mes deux amis prêtres me remettront sur le chemin du sacerdoce assez vite.

Je serai prêté par l'église Mariavite à l'union d'Utrecht, et je deviendrai curé de la paroisse vieille-catholique de Paris tout en étant aussi recteur de la chapelle de l'Unité à La Seyne sur mer. Je serai alors Parisien deux fois par mois pour célébrer la messe et animer des retraites. Je poursuivrai ma formation permanente des prêtres dans le cadre de l'église vieille-catholique à la maison Saint Joseph de Lyon à raison de trois week-ends par an. Je reprendrai le chemin des orchestres et des maisons de retraite pour gagner ma vie, tout en étant un prêtre que désormais tout le monde (ou presque) connaissait à travers le petit écran.

J' écrierai alors mon premier livre “une parole et des hommes” publié par les éditions Castelli. Soucieux des plus démuni, je profiterai alors de ma notoriété qui durait pour tenter de me présenter à l'élection présidentielle de 2012. Cela m'offrira une tribune afin d'exprimer que la raison du plus faible c'est la force des pauvres. J'enchainais alors les interviews et la promotion autour de mon second ouvrage “un pasteur pour la France”. L'idée de la présidentielle m'était venue de Jean-Louis, un sdf débarquant dans la sacristie tandis que je me préparais à célébrer la messe et qui m'avit lancé : “Padre, je n'ai pas besoin de manger, ni d'argent, je voudrai juste me laver”. J'ai pu donc terminer ma période de notoriété avec cette formidable histoire humaine.

Foi et Eglise

Certaines personnes, de nos jours affirment être chrétiens, sans ne rien vouloir savoir de l'Eglise. Avec un peu d'humour, je reprendrai un livre "la foi oui, l'Eglise non" en citant son auteur Herman Häring, qui faisait état des difficultés que ces chrétiens sans Eglises pouvaient avoir avec "le personnel de Dieu au sol". Puis parfois une certaine haine des baptisés qui ne pratiquent plus à cause des scandales ou encore d'une moralité trop sévère dans l'Eglise. Aussi compréhensive que soit notre attitude en regard de nombreuses histoires peu glorieuses de l'histoire de l'Eglise, vient se glisser une problématique en pratique et en théologie.

1. Cette position qui consiste à garder la foi tout en laissant l'Eglise est sujette à caution dans la mesure ou l'Eglise est la communauté qui transmet la foi. L'Eglise s'est aussi chargée depuis des siècles de transcrire la Bible, d'expliquer et de proclamer la foi. Sans cette communauté transmettrice il n'y aurait pas de foi à laquelle on pourrait dire Oui.

2. C'est la foi qui permet à la communauté de se former. Croire en Jésus-Christ en ne comptant que sur soi est une antinomie. La foi au Christ comprend déjà l'idée de se rassembler avec d'autres personnes qui forment la communauté. Cette pensée on la trouve déjà chez Jésus et le grand défenseur de cette idée est l'apôtre Paul

3. Prendre la foi pour laisser l'Eglise pose donc un problème dans la mesure où l'Eglise appartient à la foi. "Nous croyons en l'Eglise, sainte, catholique et apostolique" ; c'est ainsi que nous proclamons notre foi dans le credo des conciles de Nicée et de Constantinople. L'Eglise n'est donc pas une quelconque association qui est sans importance pour la foi. Elle en fait partie.

En s'organisant selon les idées de Paul, les conciles de l'Eglise primitive se demandaient quelles étaient les caractéristiques essentielles de l'Eglise. Selon le credo de Nicée Constantinople, quatre caractéristiques sont attribuées à l'Eglise : Une, Sainte, Catholique et Apostolique.

Ainsi comme il n'y a qu'un seul Dieu, un seul Seigneur, un seul Esprit, il n'y a aussi qu'une seule Eglise, une seule Foi, un seul Baptême. Selon sa nature, l'Eglise d'ici n'est pas autre que l'Eglise d'ailleurs. Cependant, cette unité ne veut pas dire uniformité, mais un lien organique entre toutes les églises locales, rassemblant la richesse de leurs dibersités.

Dans la situation actuelle, notre profession de foi en une Eglise est une provocation. Aujourd'hui le christianisme est partagé en diverses confessions qui ne cultivent pas entre elles la communauté totale, en particulier lors de la célébration de l'Eucharistie où existe une limitation, soit une interdiction. Cette situation actuelle ne devrait en somme pas exister, aussi longtemps que nous nous reconnaissons l'Eglise.

La recherche de l'unité à travers l'œcuménisme n'est en effet pas un luxe que nous pouvons pratiquer ou non selon notre désir, notre humeur, mais l'œcuménisme fait partie intégrante de l'Eglise, une, sainte, catholique et apostolique

Sainteté

Sainte, l'Eglise appartient à Dieu. En tant qu'hommes,nous ne pouvons agir selon notre gré avec l'Eglise. Une association peut établir ses statuts et les changer comme elle le désire ; or les fondements de l'Eglise ne sont pas des statuts établis par des hommes, le fondement de l'Eglise étant Jésus-Christ lui-même.

L'Eglise est donc sainte car elle appartient à Dieu, ce qui veut dire qu'elle a toute confiance en Dieu qui ne la laissera jamais tomber. Une pensée qui est d'actualité, tandis qu'un nombre important de chrétiens se détournent de l'Eglise aujourd'hui. En outre, elle a un autre aspect : Nous savons qu'au cours de l'histoire, l'Eglise a parfois emprunté de faux chemins et qu'elle n'est pas "immunisée" aujourd'hui encore. Nous pouvons constater dans le Nouveau Testament que l'on peut déjà trouver (métaphoriquement) parfois des choses moins précieuses que l'or et l'argent dans l'Eglise. Le Nouveau Testament et la foi chrétienne sont réalistes : les hommes et les femmes ne sont pas toujours forts, et donc, de fait souvent faibles.

Même Saint Paul dit de lui-même : "je ne fais pas le bien que je veux, mais le mal que je ne veux pas" (Rom 7,19). Même si les chrétiens pèchent, cela ne change en rien la sainteté de l'Eglise. Selon l'évangile de Matthieu (16,18), Jésus-Christ dit : "les portes de l'enfer ne prévaudront pas sur elle (l'Eglise). L'Eglise est sainte et reste sainte. Elle appartient à Dieu. Les défaillances humaines ne la précipiteront pas dans les abysses de l'enfer.

Catholicité

De nos jours, le mot "catholique" est souvent compris dans le sens confessionnel, lié à l'église catholique romaine, pourtant l'ensemble des églises de l'orthodoxie au protestantisme confessent la foi catholique.

Catholique vient du mot grec katholikos et est souvent traduit par universel. Dans l'esprit de l'église catholique romaine, le mot signifie, en premier lieu, sa qualité d'Eglise universelle : une Eglise universelle à la tête de laquelle se trouve le pape, une Eglise dans laquelle tout est "catholique".

Ainsi notre Eglise catholique Romaine peut se prévaloir d'une authenticité, car tout ce qui vient après elle est schismatique.

Certains Pères de l'Eglise, particulièrement saint Cyprien, comprennent que ce n'est pas l'Eglise universelle, mais l'Eglise locale qui serait la représentante originelle de la catholicité. Ainsi l'Eglise locale ne serait pas considérée comme une "filiale" devenant catholique par le fait qu'elle dépend d'une Eglise "centrale". Bien plus, l'Eglise locale serait "catholique" par elle-même. Dans ce cas, que veut dire le mot catholique ?

Le mot grec katholikos est constitué de deux éléments "kata" (=selon) et "holos" (=le tout, l'intégralité). On pourrait donc traduire "catholique" par "selon l'intégralité". Et "l'intégralité" ne serait pas comprise comme l'Eglise universelle, mais comme l'intégralité de la foi. L'Eglise ne doit donc pas partager la foi, ne pas choisir ses thèmes préférés de la foi et oublier les autres, mais elle doit annoncerL et vivre toute la foi car si l'Eglise abolit certaines parties essentielles de la foi, elle n'est plus catholique.

Apostolicité

Dans la profession de foi de l'Eglise, l'apostolicité est le quatrième signe distinctif de sa nature. Elle signifie que l'Eglise doit rester fidèle à son origine. Elle nous vient des apôtres que Jésus avait lui-même choisis et qui avaient été témoins de sa résurrection. Elle suit l'exemple des apôtres et transmet la Bonne Nouvelle selon la mission qui lui a té confiée. Comment se présente concrètement cette transmission ? Je développerais ce point dans "les missions fondamentales de l'Eglise.

En résumé nous pouvons dire que les caractéristiques de l'Eglise dont don et mission : l'Eglise reçoit de Dieu son unité, sa sainteté, sa catholicité et son apostolicité qu'elle est en même temps appelée à rechercher continuellement et à réaliser dans sa vie.

Les missions fondamentales de l'Eglise

L'Eglise ne signifie pas seulement une façon d'exister, mais avant tout un évènement. Son existence doit être remplie de vie et doit percevoir sa mission. Demandons-nous dans un évènement, dans quelles actions l'expression "être Eglise" se manifeste-elle ? On parle de missions fondamentales de l'Eglise, des chemins fondamentaux par lesquels l'Eglise réalise son "être Eglise". Les trois missions fondamentales classiques sont : Martyria, Leiturgia et Diakonia, et on ajoute souvent aujourd'hui : Koïnonia.

Dieu de tous les vivants donnes-nous ton amour, et lorsque nous ployons sous le fardeau fais paraitre ton jour. Nous avons reçu de toi l'heritage de ton Eglise, fais que nous soyons assez saints catholiques et apostolique afin qu'à travers la dernière prière de Ton Fils Jésus le Christ nous soyons un, comme vous l'êtes Toi et Lui.

Mon ministère

Au cœur même de la chapelle de l'unité, il y aura beaucoup de gens de passage, des chrétiens divisés, comme je l'avais été au moment où j'ai quitté l'église catholique. Je savais que ces personnes qui avaient été blessés, par un prêtre ou une communauté avaient besoin d'apaisement et d'être accueillies. Mais avec le temps, je voyais qu'une fois "remises en forme", après un temps plus ou moins long, quelques mois voire quelques années, ces chrétiens repartaient alors rassurés dans leur église. La chapelle de l'unité était devenue un lieu de pause, pour poursuivre sa foi et se réparer des blessures. J'ai donc très vite ressenti cet appel du Seigneur a surtout ne pas faire de prosélytisme. Effectivement, ce n'était pas mieux chez nous qu'ailleurs, et des erreurs, nous en faisions aussi. Aussi nous vivions en Eglise dans l'unité, l'unité dans la diversité. Unité car la chapelle fonctionnait comme une paroisse, diversité, car la foi des uns s'exprimait différemment de celle des autres, des catholiques déçus, des orthodoxes, des protestants qui se sentaient bien chez nous, il fallait cultiver les tempéraments pour tenir la barque stable sur les flots.

Après 18 années passées au temple protestant de La Seyne, la chapelle rejoindra un autre local, plus petit avenue Gambetta. Elle sera rebaptisée chapelle Saint François d'Assise. Par la suite nous déménagerons juste en face dans un local plus grand et plus adapté. La fraternité Saint Victor, notre association deviendra alors membre du conseil international des églises communautaires qui est membre du conseil œcuménique des églises.

La communauté prendra alors la décision de rejoindre la communion anglicane libre qui n'était pas rattachée à celle de Canterbury. En France plusieurs communautés semblables à la nôtre rejoindront également cette communion.

Nous organiserons donc un synode à Sanary en mars 2017 avec les représentants des différentes communautés. Je serai élu évêque, dans un premier temps je refuserai, puis j'accepterai par la suite cette élection.

Les évêques de la communion anglicane libre étant assez éloignés, nous nous tournerons vers un évêque de la succession Duarte-Costa (évêque catholique Brésilien schismatique) en Italie pour mon ordination qui sera assisté d'un évêque vieux-catholique du Brésil. Mon ordination épiscopale aura lieu le 2 décembre 2018 en la chapelle saint François d'Assise en présence de deux prêtres orthodoxes et d'un pasteur protestant ainsi que des différents prêtres de nos communautés.

Là commencera pour moi un long calvaire qui durera 4 années, d'autant plus que la communion me confiera l'Europe en plus de la France.

L'épiscopat dans ces églises doit appliquer les décisions du conseil qui rassemble uniquement des laïcs qui sont eux-mêmes élus, ce qui rend complexe les décisions à prendre. De plus il me fallait aller visiter les paroisses en Europe le week-end, ce qui me rendait moins disponible pour la mienne.

En mai 2023, je partirai seul deux jours à N.D du Laus, un lieu de pèlerinage mariale qui se situe dans les Hautes-Alpes et où j'allais souvent depuis mon enfance. Ce lieu est le "refuge des pêcheurs". Dans nos églises, la confession n'était pas obligatoire et cela faisait plus de 30 ans que je n'avais pas reçu le sacrement de réconciliation. Au Laus, des prêtres sont au confessionnal toute la journée, mais je n'osais pas franchir le pas. Finalement, le dimanche matin, avant la messe, je me plaçais dans la file d'attente, me disant qu'il était surement trop tard, mais je m'aperçus très vite que les personnes n'attendaient pas la confession, mais la messe, et un prêtre m'appela. Je vivrai ce temps comme une libération immense, un changement radical, je n'étais plus le même, je n'étais plus l'évêque maladroit, je me sentais pleinement catholique, rempli de mon baptême et de tout ce que m'avaient apporté les maristes durant mon enfance. Le prêtre me dit : "allez faire une prière libre, devant le Saint Sacrement". J'ai donc fait ce qu'il m'a dit, et là j'ai entendu au fond de moi le Seigneur me dire : "retournes à l'Eglise de ton baptême, tu y seras accueilli et l'on te confiera un ministère".

Finalement, j'avais passé 25 ans à réconcilier des chrétiens avec l'église de leur baptême, et je sentais là que c'était mon tour. Je démissionnerai de la communion anglicane libre en septembre 2023, et le restant des fidèles de ma paroisse rejoindra une paroisse catholique leur convenant. Nous sommes toujours en contact sur un groupe watts app intitulé "Le Cénacle", là nous échangeons notre vie dans nos paroisses respectives et nous sommes heureux de pouvoir vivre librement et sans tracas notre foi chrétienne réconciliée.

Quant à moi, au moment où j'écris ces lignes, je suis dans l'attente d'une décision romaine concernant la validité de mes ordinations diaconale et presbytérale. Evidemment, c'est à travers le service (diaconat) que le Seigneur m'a rappelé dans l'Eglise de mon baptême. Cela fait un an que je suis dans ce long désert, je discerne, je prie et surtout j'apprends à revêtir l'homme nouveau. Au désert la route est longue mais déjà tracée, ce n'est pas un temps de pénitence mais plutôt un temps de résurrection, un an, trois jours, le temps de Dieu n'est pas le temps des hommes.

Missions fondamentales de l'Eglise (suite)

1. Martyria : Transmettre le message du Christ est la mission fondamentale de l'Eglise. L'Eglise est là où la Bonne nouvelle est annoncée, où des personnes témoignent de leur foi en Jésus-Christ. Cette mission fondamentale se nomme en grec "Martyria", traduit par "témoignage" (le mot grec se traduit littéralement par "témoin").

Proclamation et Témoignage se réalisent aussi bien à l'intérieur de l'Eglise que face au monde. La proclamation "à l'intérieur" se fait par exemple par la prédication, la catéchèse ou en enseignements. La proclamation "vers l'extérieur" se fait traditionnellement par la mission. L'aspect missionnaire appartient à l'envoi de l'Eglise par le monde (missio=envoi). La proclamation vers l'extérieur se réalise particulièrement aujourd'hui par des apparitions publiques, le dialogue avec des personnes d'autres confessions et par un travail dans les médias.

La proclamation et le témoignage se font dans le cadre institutionnel par des personnes investies dans le ministère de l'Eglise, dans de fortes structures, mais il se réalise également au quotidien dans des discussions non-institutionnelles entre des personnes impliquées dans la foi.

Lorsqu'une personne parle à une autre personne de sa foi, de ses expériences dans l'Eglise, elle prend part à la proclamation et au témoignage de l'Eglise. Et cela même si elle n'a reçu aucun ordre institutionnel de prêcher, d'enseigner ou de témoigner. Néanmoins, il faut signaler que les possibilités d'une personne particulière d'appréhender la mission de proclamation et de témoignage sont très limitées. Une Eglise qui développe des ministères et des structures est plus à même de réaliser cette mission.

2. Leiturgia (Liturgie) La célébration de l'office divin est une autre mission fondamentale de l'Eglise. En grec, "Leiturgia" (traduction littérale : "service public") est devenu pour nous "Liturgie". Jésus-Christ nous a donné son Evangile. C'est la raison de célébrer. C'est dans la célébration liturgique-peut-être plus que dans d'autres missions fondamentales-que l4eglise représente la communion de Dieu avec l'ensemble de l'humanité, et pas seulement par une simple association de personnes. La célébration de l'office divin est un dialogue avec Dieu dans la prière ; cet office est louange envers Dieu pour ses actions, et notre reconnaissance pour sa présence ; il est adressé à Dieu pour nos peines et demandes d'aide. C'est au cours de l'office divin que l'on se rend compte que dans l'Eglise les personnes ne sont pas seulement entre elles, mais qu'elles sont en relation avec Dieu.

Cette célébration de la présence de Dieu au cours de l'office divin structure le rythme du temps. Les prières nommées "prières du temps" structurent les heures du jour. Les célébrations eucharistiques du dimanche structurent le rythme des semaines. Le calendrier des fêtes chrétiennes fixe le temps des fêtes au cours de l'année. Et il y a des rituels chrétiens de passage qui ont leur importance dans la vie humaine, les sacrements, c'est à dire le baptême, la communion, la confirmation, le mariage, l'ordination, le sacrement des malades ou encore les rites funéraires. Les sacrements sont un aspect important de la présence de Dieu et ne peuvent être administrés arbitrairement par n'importe quelle personne qui se sentirait soudainement appelée, mais par des personnes qui ont reçu une mission ecclésiale (sacrement de l'ordre).

3) Diakonia Cette autre mission fondamentale de l'Eglise est d'être au service de son prochain. "Une Eglise qui ne sert pas est une Eglise qui ne sert à rien" dit un dicton. Ce service est de suivre l'exemple du Christ qui a guéri les malades et nourri des affamés. Le mot grec "Diakonia" se retrouve dans les mots diacres, diaconie etc.

L'Eglise agit en diaconie lorsqu'elle s'occupe des malades et des isolés, lorsqu'elle aide (matériellement et spirituellement) les nécessiteux. Cela arrive aussi bien en de grandes comme lors de petites occasions, proches ou éloignées. La diaconie se réalise lors d'un entretien personnel au chevet d'un malade ; elle se réalise lors d'une distribution de soupe et lorsque l'on récolte de l'argent pour un hôpital en Afrique par exemple. La diaconie se réalise aussi bien à l'intérieur qu'à l'extérieur de l'Eglise, car il appartient au diacre d'aider les personnes sans condition, indépendamment du fait qu'il appartient à une Eglise.

La diaconie intervient également publiquement pour ceux qui souffrent. L'Eglise agit également en diaconie lorsqu'elle intervient contre des structures injustes, lorsqu'elle s'investit pour de meilleures conditions, afin que nul ne soit en difficulté ou en détresse. Le "lobby" de soutien appartient aussi à la diaconie.

Comme les autres missions fondamentales, la diaconie agit aussi bien à l'intérieur qu'à l'extérieur du cadre institutionnel. Lorsqu'en toute conscience, un être humain vient en aide à un autre et qu'il pense que c'est son devoir de chrétien, l'Eglise accomplit sa mission de diaconie-que la personne soit ou non investie d'un ministère. Il est cependant évident qu'une personne seule se trouvera vite confrontée à ses limites lorsqu'elle voudra prendre une telle mission en charge, alors que l'Eglise en tant qu'institution a bien plus de possibilités à offrir.

4) Koinonia Cette quatrième mission fondamentale de "Etre Eglise" a été rajoutée au groupe classique des trois, elle se nomme Koinonia (communauté en grec). Dans le Nouveau Testament ce mot est le concept central pour l'Eglise. L'Eglise est là où les êtres humains se rassemblent en communauté. En outre, le mot "Koinonia" se comprend aussi bien dans sa dimension "verticale"-communauté (communion) des personnes avec Dieu-que dans sa dimension "horizontale"-communauté entre personnes.

Nous avons constaté que la foi en Jésus-Christ, la communion avec Lui, conduisent à la communauté avec d'autres chrétiens, et ainsi à la communion de tous les humains entre eux. La communion avec le Christ incite les personnes à la communion entre elles. La théologie selon l'école paulinienne l'exprime ainsi : la communauté que les personnes forment entre elles dans l'Eglise est la communauté en Christ.

Evidemment, cette communauté peut vivre indépendamment des règles institutionnelles. Cependant cette mission fondamentale demande à recevoir forme et structure, afin qu'elle ne soit pas laissée au hasard, mais qu'elle puisse constituer un élément fort de la vie chrétienne qui, elle ne peut se passer de l'institution.

Conclusion

Qu'en est-il de la nature de l'Eglise-théologiquement parlant- après le parcours à travers le Nouveau Testament, après l'observation des caractéristiques de sa nature selon sa profession de foi et après nous être confrontés à ses missions fondamentales, nous pouvons résurmer que :

L'Eglise est une communauté divine et humaine. Son fondement est Jésus-Christ. Sur ce fondement, elle grandit sous différentes formes, mais reste une, tant qu'elle est toujours en accord avec son fondement, fidèle à son origine et en transmettant la foi. Elle appartient à Dieu et se sait portée par l'Esprit-Saint. Les membres de l'Eglise sont les personnes qui croient en Jésus-Christ et le suivent. Cette succession se réalise dans les quatre missions fondamentales que j'ai énoncées ci-dessus.

Etre chrétien, c'est se sentir investi de l'amour de Dieu, c'est une aventure énorme. Le Christ est une révélation mais aussi une révolution. Certains diront que "l'Eglise ce n'est pas le café du commerce", ils se trompent, c'est aussi là que Jésus est vivant, dans un bar, dans une rue, avec des sans-abris, des prostituées, dans toute la pauvreté où il devient alors serviteur. Si on le cherche là, Il nous montrera sa gloire et notre vie changera.

Esprit de Dieu, tu te fais le défenseur de ceux qui, à force de me juger ont fait de moi mon propre juge. Tu viens alors me confier que le Père n'a jamais cessé de m'aimer. Ce souffle qui est le tiens devient alors ma respiration et je peux reprendre la route dans la confiance.

Dans ma vie, j'ai toujours essayé de marcher avec Jésus, le voyant comme un ami, comme un frère parfois comme un exemple difficile à suivre. Je suis en effet un grand pêcheur qui parfois fait les mauvais choix, dit les mauvais mots. Comme beaucoup, je suis probablement le salaud de quelqu'un tout en étant le bienfaiteur de l'autre.

Ce "syndrome de l'imposteur" dont je parlais précédemment est un véritable fléau qui revient sans cesse. En effet, pour les uns et les autres, le prêtre, le diacre, le chrétien pratiquant sont en quelques sortes des saints qui deviennent des imposteurs (encore plus que les autres) lorsqu'ils tombent dans le piège du mensonge ou de l'acte manqué. Celles et ceux que nous blessons se sentent alors doublement trahis et j'ai moi-même été à l'origine de telles blessures, j'en ai aussi parfois été la victime aussi. Ce fait de ne pas savoir résister aux tentations nombreuses dans notre monde est souvent ravageur en faisant tomber à la fois la victime et le coupable.

Dans ces moments, "coupable" ou "victime", je suis toujours retourné vers le Père en tant qu'enfant prodigue pour "coupable" évidemment. Ainsi je mesure aujourd'hui combien est important le sacrement de réconciliation. Le pardon est une force immense, la puissance qui vient de Dieu et qui nous permet d'avancer au large. En effet, le fait de se reconnaitre coupable ou de pardonner à ceux qui nous ont fait du mal, c'est le miracle de la résurrection, c'est ce que le Père attend de nous dans l'aujourd'hui de nos vies et c'est ce qui nous jugera d'une certaine manière. Dieu n'est pas un juge, mais Il est juste et c'est donc libérés de toutes formes d'injustices, "coupable" ou "victime" que nous pouvons entrer dans son dessein.

Je pense que depuis que le monde est monde, l'action de grâce est son A.D.N. L'humanité tout entière même lorsqu'elle passe à côté connaît la justice de Dieu. Là où elle peut parfois se tromper, c'est que le Père ne pratique pas le tri mais va directement au recyclage, c'est à dire à la transformation de notre condition humaine, pour la rassembler dans l'unité de ce qu'Il a créé, "Dieu voyait que tout cela était bon".

Les reportages, les images insoutenables de guerres que nous voyons chaque jour à la télévision nous ramènent à une réalité sombre de notre existence. Où est Dieu lorsque la mort et l'injustice règnent ? C'est la question qui revient sans cesse et sans doute la première des tentations que nous ayons à combattre. Dieu est omniprésent, et lorsque nous souffrons, il souffre avec nous, lorsque nous sommes blessés, Il est blessé comme nous, mais lorsque la mort semble avoir dit son dernier mot, il la transforme en vie éternelle. C'est l'explication de la passion de Jésus qui a non seulement été témoin d'injustice, mais qui l'a aussi vécu dans ce qu'elle a de plus horrible : la souffrance, la trahison, l'indifférence. Par la croix, le Fils de Dieu vit toutes nos misères jusqu'à la mort, durant trois jours il descendra "aux enfers", c'est à dire dans tout ce qui est enfermé dans le péché depuis que l'humanité existe pour transcender cet ensemble avec Lui au matin de la Résurrection.

Ces reportages, ces échos de guerres ou encore de violences ne sont donc pas facile à admettre parce que nous les pensons incompatible avec un Dieu d'Amour qui peut tout. Or, Dieu est Celui qui engendre l'Amour qui peut tout et à travers cet Amour, il nous invite à convertir le mal en bien.

Ces confrontations entre les plus petits et les plus grands, riches et pauvres, mendiants et oppresseurs sont présents déjà dans le livre de la Genèse, et dans le livre des Psaumes, les questions, les demandent, l'espérance et l'injustice font écho à ce que nous pouvons vivre aujourd'hui lorsque nous plaçons Dieu au centre de nos vies.

Dans la Bible, l'oppresseur c'est l'impie, celui qui se rempli d'orgueil, celui qui persécute, le sanguin. Une liste de synonymes s'ensuit alors : pauvre, plus petit, plus faible, innocent, humble, homme droit, juste etc. Cette vision en “noir et blanc”, ce partage des hommes entre les bons et les méchants, arrive dans une réalité concrète mais complexe, reflétant des situations sociales différentes mais souvent rudes et brutales. Ainsi certains psaumes entraînent à l’appel de la vengeance de Dieu, un peu notre première prière lorsque nous sommes victimes d’une injustice : “le Bon Dieu te punira”. Cependant Dieu n’est pas un justicier qui agit avec vengeance.

Le pasteur Languillat avec lequel j’ai beaucoup cheminé et qui était mon ami disait que “les psaumes sont une porte ouverte sur le monde”. Bien sûr, le psalmiste va utiliser des paroles qui font peur à travers des supplications ou encore des imprécations dont l’origine est une situation de conflit. “L’homme qui intrigue pour renverser le pauvre et le petit, l’impie qui guette le juste et cherche à le faire mourir...” (Psaume 36 versets 7 à 3. L’homme effectivement devient intriguant lorsqu’il s’agit de faire tomber un plus faible que lui. S’ensuit alors l’écho des jugements iniques qui sont rendus par une justice soudoyée : “est-il vrai que vous rendez la justice ? Vous fabriquez la fausseté, vous pesez l’arbitraire” (Psaume 57, 2-3). Cela me fait penser à la grande distribution, au sein de notre vision contemporaine des choses ou encore aux manœuvres des grands propriétaires évinçant petit à petit les nouveaux “héros” des dénis de justice d’autrefois, ceux qui cultivent la terre de leur pays, ce qui génère un conflit social important qui de fait que grandir les années passant.

Bien au-delà, le Brésil, l’Amérique Latine, l’Afrique, aujourd’hui l’Ukraine et la terre d’Israël sont des pays dans lesquels des violences sont commises sur les plus pauvres et à cette injustice le psaume 34 dit avec nous : “Tu as vu Seigneur, ne reste pas muet, ne sois pas loin de moi, réveille-toi, lève-toi pour défendre mon droit”.

Le droit du plus pauvre est demandé, imploré comme étant celui de Dieu Lui-même. Notre Seigneur Jésus le Christ savait tout cela. Notons que cette présence du “droit au cœur du pauvre” dans les psaumes est réalité et actualise la présence de Dieu dans toutes les atteintes à l’humanité.

Alors, encore une fois c’est la conversion qui va prédominer dans les psaumes, bien au-delà de la brutalité intellectuelle qu’ils peuvent parfois générer en nous. Sachons qu’un psaume ne se lit pas mais qu’il est une prière. Ainsi, comme les prophètes, les psaumes viennent révéler des réalités dramatiques en les plaçant dans la réalité de l’existence de Dieu.

Un psaume dans le Nouveau testament : le Magnificat

Marie est transition entre les deux Testaments. Par son “Fiat”, elle rentre dans le plan de Dieu et participe au sauvetage de l’humanité. Lorsque j’ai rencontré Jésus, à sept ans, j’ai aussi rencontré Marie et même dans ma vie de jeune homme, lorsque je suis devenu non-pratiquant, je poursuivais une prière du soir avec elle. Le rosaire tient une place importante dans ma vie aujourd’hui. J’ai été marqué par un petit livre, enfant qui racontait la vie du Saint curé d’Ars, qui est mon troisième compagnon de route et celui-ci confiait un jour à l’une de ses amies : “tiens ça fait trois jours que je n’ai pas vu la Sainte Vierge, j’espère que tout va bien” ! Une phrase toute simple dans quelque chose d’extraordinaire. Mais en fait, tout est si simple avec Marie. Dans le Magnificat on perçoit toute cette simplicité à travers une âme qui rayonne de l’amour qu’elle porte en elle.

Ce chant de grâce, nous le trouvons dans l’évangile de Luc (1, 47-55) et il est vrai qu’il ressemble à un psaume. On pourrait aussi trouver sa préfiguration dans le premier livre de Samuel ; Dans l’Ancien Testament, Anne la mère de Samuel est délivrée de sa stérilité et va lui donner un fils alors dans 2 Samuel 1-10 elle s’exprime ainsi :

J’ai le cœur joyeux grâce au Seigneur,

Et le front haut grâce au Seigneur.

Il n’est pas de saint pareil au Seigneur,

Il n’est personne d’autre que toi.

Il n’est pas de rocher pareil à notre Dieu.

Ne répétez pas tant de paroles hautaines,

Que l’insolence ne sorte pas de votre bouche.

Le Seigneur est un Dieu qui sait,

Et c’est Lui qui pèse les actions,

L’arc des preux est brisé,

Ceux qui chancellent ont la force pour la ceinture.

Les repus s’embauchent pour du pain

Et les affamés se reposent.

Même la stérile enfante sept fois,

Et la mère féconde se flétrit.

Le Seigneur fait mourir et vivre,

Il relève le faible de la poussière

Et tire le pauvre du tas d’ordure

Pour le faire asseoir avec les princes

Et lui attribuer la place d’honneur.

Le Seigneur jugera la terre entière,

Il donnera la puissance à son roi,

Il élèvera le pont de son messie.

Des milliers d'années séparent le psaume d'Anne et le Magnificat de Marie, pourtant cette ressemblance entre les deux textes nous montre que la mère de Jésus était complètement imbibée par la prière des psaumes. Le Magnificat va plus directement à la compréhension de tous, et la nouveauté dans ce texte est qu'elle se qualifie "d'humble servante".

Dans le psaume d'Anne, nous avons une femme stérile qui pense qu'elle n'aura plus jamais d'enfant, dans le magnificat, une jeune femme qui a tout le temps d'en avoir. Dans ces deux cas, cette nouvelle de porter la vie les remplit de joie au point de leur donner des mots forts, comme une sorte de "merci" glorifiant Celui qui leur accorde cette grâce. Ainsi ces deux textes, dans notre vie, aujourd'hui peuvent aussi être notre prière, car on y trouve l'essentiel de ce que nous pouvons demander pour le bien être du monde.

Jésus et les psaumes

Jésus est un juif de son temps qui pratique sa religion comme il faut. Il n'est pas fondateur du christianisme mais en est le fondement, car durant sa vie terrestre, Il est juif. Il recevra de la part de ses parents une éducation religieuse assez stricte dans la tradition de son époque, une époque dans laquelle le recueil officiel des psaumes prédominait dans la religion Hébraïque. Durant son ministère public, il participera à toutes les grandes fêtes liturgiques en utilisant les psaumes. Il faut savoir que Jésus met à la lumière du monde nouveau l'ancien testament. Il est le "Verbe fait chair", c'est à dire la parole du Père, donc Il sait tout ce que le Père a dit à son peuple à travers les prophètes, le roi David et les psaumes.

Pour revenir à l'institution de l'Eucharistie, Il rassemble ses disciples au Cénacle pour célébrer la Pâque Juive et ensemble, ils chanteront les psaumes du grand Hallel 112-117 qui sont prescrits par la Loi.

Au moment de son agonie à Gethsémani, alors que la peur et le doute l'envahissent et qu'il est fortement angoissé, il dira les paroles d'un psaume qui viendront naturellement dans sa bouche, et lors de sa mort, ses dernières paroles seront celle d'un psaume : "Père entre tes mains je remets mon esprit".

Jésus a vécu les psaumes en "spect'acteur" (pour inventer un mot) et en "consom'acteur" (pour en inventer un second). Il donnera d'ailleurs à ses disciples une sorte de testament avant de mourir que l'on retrouve en Luc 24 verset 44 : "Il faut que s'accomplisse tout ce qui a été écrit à mon sujet dans la loi de Moïse, les prophètes et les psaumes".

Durant sa prédication, Jésus va aussi expliquer et commenter les psaumes. Il ira même jusqu'à les simplifier par ses paraboles afin que tout le monde puisse en comprendre les différents sens. De tous les livres de l'Ecriture, ce sont les psaumes qui seront le plus cités par le Fils de Dieu. Ce qui fera dire à Saint Augustin : "Jésus est le chantre des psaumes".

De l'Eglise au désert pour revenir à l'Eglise

Je ne regrette rien de ma vie à part ces moments où je n'ai pas été à la hauteur, ces instants où j'ai raté la cible, mes péchés, et encore une fois ils sont nombreux.

Aujourd'hui je tente de puiser mes forces dans l'Evangile, dans les psaumes et toujours bercé par Marie qui m'accompagne sur le chemin et qui me remet toujours dans le sillage de son Fils.

Après avoir conjugué l'Eglise avec le monde curieux du show business, j'ai bien conscience que mon histoire n'est pas courante, pourtant, pour moi ce fut si simple. Je sais pourtant que j'ai pu choquer des croyants par le péché de l'ambition qui a été le mien tout au long de ces années. Une chose est certaine, de tout cela il me reste le Christ et l'Evangile avec pour ambition désormais de l'offrir à ceux qui ne le connaisse pas et de le rendre à ceux qui s'en sont éloignés. Les tentations existent encore mais pour leur avoir parfois répondu positivement, je sais les repousser loin de moi.

Je reste un homme qui a besoin de la prière qui demeure un essentiel vital pour moi. Si la prière communautaire était hier ce dont j'avais le plus besoin, j'arrive maintenant à la conjuguer avec l'adoration et la prière personnelle, c'est une grâce de plus dans ma vie.

J'aime les gens, même si j'ai pu leur faire du mal, avec des mots, des actes, je suis un homme imparfait qui tente désormais de rejoindre la perfection de Dieu en faisant de mes imperfections des leçons de vie à ne plus refaire.

Si Marie est au cœur de ma vie, l'Eucharistie tente à me faire devenir ce que je reçois. L'Eglise est Corps du Christ et c'est à travers l'Eucharistie que nous recevons ce Christ vivant en nous et qui fait que, lorsque nous avons communié, nous devenons alors des tabernacles vivants dans la rue, en famille, entre amis, c'est le sens de l'Eucharistie : devenir ce que nous recevons.

Pour en revenir à la multiplication que j'ai rapidement abordée ci-dessus et que l'on retrouve dans l'Evangile de Matthieu chapitre 14, versets 13 à 21, je dirai que dans ce miracle du partage préfigure déjà l'institution de l'Eucharistie. Relisons un passage de cet évangile : “Jésus prit les cinq pains et les deux poissons, et, levant les yeux vers le ciel, il prononça la bénédiction, il rompit les pains et il les donna aux disciples”. Une similitude avec l'institution de l'Eucharistie le soir du Jeudi Saint.

L'eucharistie, sacrement de l'unité est pourtant l'un des sujets qui divise les chrétiens aujourd'hui alors qu'il est présence réelle du Christ, qu'il est son sacrifice, le sacrifice de la croix, ce qui fait que, par leur participation au repas eucharistique, les hommes sont insérés à ce sacrifice, prenant part à son passage de la mort à la vie, qu'il est aussi un repas commémoratif qui ne veut pas seulement dire que nous, les hommes nous nous souvenons de la mort et de la résurrection de Jésus, mais que Dieu aussi s'en souvient, et que par conséquent, le pain et le vin sont substantiellement transformés. L'eucharistie est l'expression la plus importante de la communauté (Koinonia).

Malheureusement les différentes conceptions de ce sacrement de l'unité nous éloignent les uns des autres, même si le dialogue œcuménique reste pour moi un sujet crucial pour un avenir d'unité.

J'ai pu fonder la chapelle de l'unité avec un pasteur protestant, mon ami Michel Languillat, bien au-delà de ce qui ne nous divisait pas finalement, car il y avait entre nous un profond respect de ce qui faisait notre foi, et une unité vraie dans la parole de Dieu.

J'ai pour principe de me sentir “chez moi” dans tous les lieux chrétiens, qu'ils soient catholiques, protestants, anglicans ou orthodoxes même si j'appartiens à l'une de ces demeures de la Maison du

Père qui est l'église catholique. Après l'avoir quitté pour rejoindre d'autres églises, je me suis rendu compte que ces autres églises sont là pour celles et ceux qui les habitent. J'ai toujours finalement été accueilli en tant que pélerin sur la route, mais ma place était dans l'Eglise de mon baptême, tout en continuant à construire des ponts entre chrétiens.

Une chose est importante dans l'Eglise c'est d'accueillir l'autre. L'accueil c'est ce qui conduit au Christ. Bien souvent, de saints hommes ou encore de saintes femmes que l'on appelle piliers ou grenouilles de bénitiers sont chargés de cet accueil avec parfois des maladresses qui peuvent refouler celui ou celle qui entre dans une église. Il est de notre devoir de former aussi celles et ceux qui accueillent à la bienveillance. Être bénévole au service de l'accueil, c'est bien, mais cela doit se faire dans l'amour de celui qui accueille, l'église est avant tout une rencontre avec le Seigneur, c'est Lui qui accueille et la première personne que l'on va trouver en rentrant dans une église a la responsabilité de transmettre l'amour qui conduit vers Dieu.

Bien sûr nous ne sommes que des hommes et bien souvent, même prêtres nous vivons des moments d'impatience, de ras-le-bol de telles personnes qui demandent souvent l'impossible ou qui nous font doucement sourire. Là encore, apprenons la bienveillance, apprenons à regarder avec le regard de Jésus : “Jésus le regarda et il l'aima”. Être un ministre ordonné c'est avoir la responsabilité de transmettre la résurrection en laissant nos propres fardeaux à la croix. Lorsqu'ils sont en ministère, diacres, prêtres et évêques ne doivent se soucier que d'être porteurs de la lumière du Christ à travers les différentes missions fondamentales de l'Eglise que j'évoquais quelques lignes plus haut. J'aime le silence du diacre à l'autel qui représente la voix des sans voix, j'aime le prêtre qui invoque l'Esprit-Saint sur les dons au moment de l'épiclèse dans la prière eucharistique, j'aime la crosse de l'évêque qui est l'épiscope c'est à dire le surveillant du troupeau et qui est là pour nous rassurer et nous ramener toujours sur le chemin de “l'être Eglise”. J'aime aussi le sourire de celui ou de celle qui, à la porte de l'église me signifiera qu'en ce lieu je suis chez moi. J'aime ces temps de partage et de prière que forme ce que les pères de l'Eglise ont appelé la “lectio Divina”. J'aime ce temps des agapes sujets aux rencontres plus formelles. J'aime aussi ce temps de la paix du Christ qui partant de l'autel se transmet pour nous dire que nous sommes appelés à être des artisans de paix durant notre quotidien, en dehors de l'Eglise.

L'Eglise c'est l'histoire d'une alliance Nouvelle entre Dieu et son peuple, une alliance définitive, “l'Alliance” par excellence. Certes, elle a pu se tromper au cours des siècles, elle a pu sombrer et sans doute s'éloigner des valeurs du Christ. Elle peut aussi parfois encore rater la cible, être maladroite. Elle connait aussi aujourd'hui les médias qui transforment un peu tous les messages, bien sûr tous les médias ne font pas ainsi, mais beaucoup sont critiques vis à vis de tout en offrant à l'humanité leurs propres réalités qui ne sont pas puisés dans la neutralité que leur déontologie souhaite.

Je n'ai pas souhaité être baptisé à 15 jours, pourtant, dans leurs convictions profondes, sans pratiquer leur foi, mes parents ont souhaité me transmettre ce qu'ils avaient reçu. Et plus tard, Jésus se manifestera et m'appellera. De l'Eglise, je passerai au désert, le désert d'un discernement qui prendra 25 années de ma vie. Je pensais pouvoir désobéir à l'institution afin d'obéir à Dieu pour faire l'unité. J'ai prêché cela croyant que c'était simple. Or, en désobéissant à l'institution, je me suis rendu compte que j'entrai déjà dans une autre division, la mienne. Je ne pouvais donc, attaché à l'unité des chrétiens que quitter le désert pour revenir à l'Eglise, tout en étant encore fermement attaché à l'Eglise Une.

“Le Christ, c’est moi”

Vous avez certainement un jour, vécu au moins une fois un rêve éveillé, ces instants où la concentration est si forte que parfois votre pensée vous dépasse. J’ai vécu cela, un jour, en préparant une prédication.

Tandis que j’étais devant mon ordinateur, je me suis alors retrouvé par la pensée devant la porte du royaume des cieux, une vieille porte qui grinçait lorsqu’elle bougeait. Je fus étonné de ne pas voir saint Pierre qui (parait-il) doit nous accueillir à ce moment-là. Non, derrière cette porte se trouvait un visage qui m’était connu. Après réflexion, je reconnaissais alors l’homme qui faisait la manche au feu rouge et que je croisais chaque jour, en voiture pour aller travailler, il est vêtu de ses habits très simples et je lui dis “bonjour”, me rendant compte après coup que c’était la première fois que je le saluais, en effet au feu rouge, j’évitais son regard. Il me salua à son tour et me lança cette phrase : “tu peux entrer, ici tous les feux sont verts”. Je passais alors cette vieille porte qui grince et il allait devenir mon guide.

Je me réveille, je suis dans mon salon en train de me creuser la tête pour cette prédication, je n’ai pas les mots, peut-être que ce commencement de rêve éveillé est une piste, je dois prêcher sur les béatitudes.

Je replonge dans mon rêve. L’homme des feux rouges m’invite à avancer. Alors je revois mes parents, mon père est silencieux, un air assez sévère, ma mère me sourit mais aucun d’eux ne me parle et l’homme des feux rouges semble rire en voyant ma mine défaite, il m’invite à avancer.

Retour à mon salon, je commence donc ma prédication par le début de ma vie, mes parents. Mais que pourrai-je dire de mes parents qui soit en adéquation avec les béatitudes ?

Je repars dans mon rêve et l’homme répond à ma question en riant aux éclats : “tu peux dire heureux les pauvres, car ils te font visiter le royaume des cieux”. Puis il m’invite à avancer. Sur ce chemin, je vois des saints de tous les temps, mais pas que des chrétiens, ainsi, Gandhi discute avec Padre Pio, tandis que mère Thérèsa est aux côtés de Catherine de Sienne. Plus j’avance, plus je vois aussi des gens moins connus du grand public mais que je connaissais et qui m’avaient devancé dans le royaume.

Je traverse cette foule immense, et je demande à mon guide : “où est le Christ ?”, ce dernier continue à rire et me dit : “avances”. Je perçois alors à l’horizon un point lumineux et je me dis que c’est peut-être le Christ alors je cours à travers la foule des saints, et, une fois arrivé à mon but je vois un homme, un homme qui me ressemble, mon sosie ou moi-même, oui c’est bien moi que je vois. Aussi je me pose la question : “tu peux me dire où est le Christ, je l’ai aimé, je l’ai servi, et ici je ne vois que des autres pour arriver à la fin du chemin jusqu’à un autre moi-même !”. Je me vois alors faire chemin inverse à toute vitesse, je retraverse la foule immense pour me retrouver à la vieille porte qui grince. Devant moi, toujours l’homme des feux rouges et son sourire qui commence à m’agacer. Je lui lance cette fois-ci avec une certaine détermination : “où est le Christ ? ”. Alors ses yeux de reconcentrent sur l’essentiel de ma vie, son rire se tait et il me répond : “Laurent, tu n’as pas su le reconnaitre, le Christ, c’est moi !”.

Il n'y a rien de plus impossible que de faire taire un mendiant qui crie. En Marc10, 46-52, l'aveugle Bartimée savait où il mettait les pieds. Dans ce texte d'évangile, il y a une foule nombreuse, puis un mendiant. La foule marche, le mendiant est assis. La foule voit, le mendiant est aveugle. Cependant il n'est pas muet, alors il crie en voyant Jésus passer : "Fils de David ait pitié de moi". La foule souhaite le faire taire, il est aveugle, il est donc considéré comme en dehors de la société. Alors il interpelle Jésus en hurlant de plus belle : "Fils de David ait pitié de moi". Voyant Jésus qui n'est pas insensible à ce cri, quelqu'un dit à l'aveugle : "confiance lève-toi il t'appelle".

Nous voyons alors une espérance forte à travers une confiance certaine de l'aveugle et déjà les prémices d'une guérison annoncés. Il se lève comme s'il laissait un tas de poussière derrière lui, bien décidé à enterrer une fois pour toutes le vieil homme aveugle et mendiant. Il se lève au risque de tomber, mais il se sent guidé par la foi, c'est ce qui va plaire à Jésus. Pourtant le dialogue entre les deux hommes va rester très sommaire. Jésus le regarde et il lui demande ce qu'il veut. Le mendiant veut voir. Sa priorité n'est pas sa situation sociale mais son handicap. Jésus ne crachera pas sur le sol afin de faire de la boue dans cet épisode, mais il va simplement lui toucher les yeux et lui dire : "ta foi t'a sauvé". Aussi dans cet élan de confiance suivant de très près l'espérance, l'homme voit et va se mettre aussitôt en marche en suivant Jésus. Il va devenir un disciple. Alors la marche reprend, la foule et les disciples semblent écartés de ce récit, il ne reste plus que l'aveugle qui voit qui suit Jésus. Le verbe suivre dans l'évangile se traduit comme exprimant la vie du véritable disciple. Jusqu'où va-t-il le suivre, ne risque-t-il pas de s'arrêter brusquement et jusqu'où est-il capable d'aller ?

Cette route est compliquée puisqu'elle emmène Jésus à Jérusalem, et nous savons que beaucoup de ses disciples ne seront pas héroïques durant le temps de la passion. Puis à son arrivée à Jérusalem, ce sera au tour de la foule d'acclamer son entrée dans la ville sainte. Cette même foule qui à quelques jours près sera capable de crier à Pilate : "à mort crucifies-le".

Les foules changent d'avis et il ne restera plus que quelques visages pour suivre les évènements de loin, par crainte de représailles.

Au-delà de cette foule bruyante, Bartimée se fait entendre. Mais le bruit de cette foule, c'est un carton pour Jésus, la petite équipe Galiléenne partie avec lui n'en revient pas, l'affaire prend de plus en plus d'importance, il est loin le petit grain de sénevé enfoui dans la terre. Le Royaume de Dieu semble de plus en plus visible, et il va falloir faire avec. Plus personne ne craint de s'affirmer face aux autorités, on accompagne le prophète, peut-être même le Messie. Pourtant cette foule ne s'intéresse pas à l'aveugle qui mendie, la solidarité n'est pas de mise pour cette foule si seule dans finalement cette médiocrité qui est la sienne. C'est la foule qui est aveugle, passant à côté de ce pauvre sans le voir, le marginalisant encore davantage au lieu de l'intégrer, le faisant taire car il fait désordre.

Nous aussi, de nos jours nous aimons nous rassembler entre nous pour gouter à la fierté d'une identité reconnue et partagée par le grand nombre. Mais peut-être faudrait-il s'interroger, à savoir si nous ne passons pas parfois à côté de quelques cris isolés, si on ne les fait pas taire alors qu'ils jaillissent de la foi la plus profonde.

Ecoutons un instant cette foi : le mendiant entend les acclamations, il va faire de l'exégèse en reprenant la formule porteuse de l'attente et de l'espérance des enfants d'Israël : "Fils de David", il implore puis il bondit vers Jésus dans l'opacité de son être mutilé en demandant ce qui semble impossible : retrouver la vue et ainsi un avenir. La foi qui va le sauver n'est pas une formule ni même une doctrine, cette foi qui le sauve réside dans le fait qu'il ose suivre Jésus sans trop savoir où il va.

Nous nous soucions actuellement de transmettre cette foi en aménageant les possibilités d'une catéchèse vraie, en donnant un bagage certain de culture religieuse, en transmettant ce que l'on a reçu. Recherche nécessaire puisque la foi est vivante dans la mémoire et qu'elle dilate l'intelligence. Cependant, on a trop souvent tendance à enfermer cette foi dans des connaissance, des notions et automatiquement dans un héritage qui appartient au passé.

La foi, c'est avant tout vivre dans l'esprit de Jésus, semer de l'amour, de la vie, travailler à se transformer soi-même et transformer le monde par l'évangile. Jésus nous a montré Dieu sur des visages qui souffrent, qui sont à l'écart. Proches ou éloignés, groupes, peuples, toute humanité attend des éclats d'Evangile, des bonnes nouvelles et des actes. C'est ainsi qu'est la réalité de notre foi, suivre Jésus jusqu'à donner sa vie pour les autres car nous ne sommes pas chrétiens pour nous-mêmes. L'Eglise n'existe pas pour elle-même et la foi est une vie donnée. Aussi suivre Jésus c'est se mettre en marche afin de discerner l'Esprit de Dieu, être capable d'accueillir un regard toujours neuf et volontaire sur la vie, et ne pas faire comme cette foule qui, à la sortie de Jéricho toise le mendiant parce qu'elle l'a mis en marge. La foi que proclame le Christ est celle d'un aveugle qui le suivra en confiance, Bartimée était son nom, puisse-t-il être aujourd'hui le prénom de chacun d'entre nous.

Je me souviens du premier voyage de l'espérance à Lourdes organisé par la diaconie du Var. J'étais à l'époque reporter pour couvrir cet évènement sur RCF Toulon. Le thème était cette rencontre de Bartimée avec Jésus. Ce voyage de l'espérance rassemblait beaucoup de personnes en galère, certains comme Jean-Louis étaient partis à pied de Toulon. Un jeune ancien S.D.F de 18 ans avait fait sa première communion à la grotte de Massabielle, il pleurait de joie et nous avec. Je me souviens de tous ces “Bartimée” qui, pour le coup était une foule qui suivait Jésus par Marie dans la joie, une foule qui, contrairement à celle de notre récit était accueillante, bienveillante. Il y avait tant de sourires lorsque nous nous retrouvions pour les repas à la cité Saint Pierre, le Christ est Vivant de toutes ces personnes qui, malgré leurs fardeaux (qui sont très lourds parfois) vous redonne une espérance inouïe, alors que vous vivez plutôt confortablement. L'avenir de l'Eglise, ce sont les pauvres, la première des béatitudes. Dans nos liturgies, dans nos processions, dans tous nos rassemblements en Eglise, n'oublions jamais de ne jamais piétiner, toiser un mendiant qui hurle car il est le Christ souffrant de nos manquements.

J'ai suivi Hervé qui avait fait sa première communion à la grotte, il venait régulièrement déjeuner à la maison durant deux années, puis il est reparti sur les routes.

Lorsque je suis devenu diacre et que la chapelle de l'unité a vu le jour, de plus en plus de pauvres ont été les piliers de la communauté. Des marginaux, des galériens. Je me souviens de Vincent qui se plaisait à dire qu'il était le “premier pratiquant non-croyant" ce qui me faisait rire. En même temps, il venait chercher ce qui manque parfois à nos communautés, une chaleur humaine en étant accueilli comme les autres. Et ce non-croyant était en prière lors de nos liturgies, il était devenu le sacristain de la chapelle, cela durera quelques années, avant que, lui aussi ne reprenne sa route.

Je me souviens de Joël qui était à la rue lorsqu'il a franchi le seuil de la chapelle, un vieux routard, queue de cheval, blouson noir, une gueule, une gouaille. Il a pu rapidement trouver un appartement et participait à nos liturgies durant 10 ans. Puis un jour le Seigneur l'a appelé dans son Royaume.

Comme j'aimais emmener toute ma troupe aux différentes assemblées synodales de la très Américaine église épiscopale. Chacun arrivait avec ses référents de paroisses bien âpretés, et nous, nous arrivions avec Joël, avec Vincent qui poussaient parfois leurs coups de gueule. Après la mort de Joël, un conseiller synodal Américain me lance : "tu n'as pas emmené ton petit clochard cette année ?", juste avant que je lui réponde : "le petit clochard est désormais dans le Royaume des cieux, là où les vipères se taisent et où les pauvres sont des saints".

J'ai compris très vite que la raison du plus faible est la force des pauvres et que Jésus plaçait mon ministère à travers cette trajectoire. Je suis resté diacre 8 ans avant d'être ordonné prêtre. De ces deux "applications" diaconat et presbytérat, même en 15 années de presbytérat, j'ai souvent appuyé sur "diaconat" et lorsque je ne présidai pas l'Eucharistie, je portais l'étole diaconale bien que prêtre en l'honneur de tous ces "pauvres" qui formaient la chapelle de l'unité.

C'est aussi pour cela que, comme je l'écrivais précédemment, l'accueil dans l'église est important. Il faut vraiment que les personnes qui accueillent soient attentives aux cris de tous les Bartimée. Accueillir en Eglise c'est un ministère. Autrefois, il y avait les ordres mineurs, et le premier de ces ordres mineurs était celui de "portier". L'évêque confiait alors les clefs de l'église à l'ordinant. Que tous ceux qui sont aujourd'hui chargés de l'accueil dans leur paroisse laisse les portes toujours ouvertes, une église doit transmettre à Jésus les cris de ceux qui veulent le suivre.

Marie de Nazareth, toi qui fais le trait d'union entre le ciel et la terre, en tant que marcheur de l'espérance, je dépose auprès de toi tout ce qu'il y a de Ton fils en moi. Je sais que tu poursuis ton pèlerinage prophétique parmi nous et tu continues à nous dire : "Faites tout ce qu'il vous dira". Dans cet effacement qui est le tiens face à ton Fils qui est aussi ton Dieu, tu nous offres sa présence dans l'éparpillement de tout ce qui m'encombre et afin de le laisser agir dans nos vies. Etoile du matin, brilles dans notre nuit.

Aujourd'hui

Dans ces quelques réflexions dans lesquelles j'ai tenté de vous expliquer aussi mon parcours peu commun. “Peu commun” pour certains, pour moi ce fut assez simple, car si je n'ai pas fait le choix d'être différent, je l'ai vécu le plus simplement du monde.

Durant mes 8 années de diaconat, j'ai, en fondant la chapelle de l'unité été complètement à la recherche de l'unité des chrétiens. J'ai souvent prêché dans des églises réformées, à Sanary, à Paris, à La Ciotat. J'ai pu aussi vivre une période de stage durant une année à l'église anglicane “All Saints” de Marseille, dans laquelle je prêchais en Français pour la communauté Malgache qui était francophone.

Le pasteur Languillat et le père Bernard Vignot (vieux-catholique) m'ont beaucoup apporté durant cette période. La chapelle de l'unité aura d'ailleurs par deux fois, la joie d'avoir deux articles dans la revue diocésaine du diocèse de Marseille. Je me souviens de ce temps de prières dans l'unité au moment où le saint pape Jean Paul II était à l'agonie, il y avait parmi nous des catholiques, des luthériens et l'évêque anglican Pierre Whalon qui avait rencontré au début de son ministère, quelques années auparavant le pape Jean Paul.

Durant mes 15 années de sacerdoce, j'ai servi deux paroisses, la paroisse Saint François d'Assise et la paroisse vieille-catholique de Paris. Un ministère intense conjugué avec ma profession d'artiste du spectacle.

J'ai pu alors connaître par la suite, le monde assez curieux des “petites églises catholiques dissidentes”. J'ai un avis très tranché désormais sur ces “communautés”. En effet, l'institution est absente et si c'est dans un premier temps une liberté, c'est aussi l'enfermement dans le “chacun pour soi”. On ne peut pas vivre la réalité de l'Eglise Corps du Christ dans ce “vide grenier” ecclésiastique qui finalement nous déballe des “églises Canada Dry” (selon la formule du père Vignot) soit que ça ressemble à l'Eglise mais que ça n'est pas l'Eglise.

Cependant je ne regrette pas d'avoir vécu cette expérience qui m'a vu moi aussi devenir “évêque”. Nous avons essayé de tout ramener à l'Eglise, c'est à dire à l'universalité de l'Eglise et à ses valeurs fondamentales. Malheureusement, beaucoup de prélats n'avaient même pas été catéchisés et c'est le grand problème de ces mouvements qui confondent le Christianisme et les vieilles “formules” d'un prêtre catholique qui s'est enfermé dans la gnose Jules Ernest Houssaye plus connu sous le nom d'abbé Julio. Cela emmène toutes sortes de dérives allant de la médiumnité aux guérisons dites “spirituelles”, un monde qui pour moi était loin des valeurs de l'Evangile. Des communautés où beaucoup de “prêtres” se disaient exorciste et vivaient grassement de ce “titre”. Dur pour moi de rencontrer ces personnages, pourtant forts sympathiques au demeurant. J'ai donc tenté de faire valoir l'être-Eglise sans trop de succès. J'ai gaspillé du temps en vain et aussi un peu de ma santé. Je me voyais sans cesse être dans la critique de l'église de mon baptême sans que quiconque n'apporte d'autres solutions que des bluettes sans profondeurs.

Quelques-unes de mes chansons

J'aime beaucoup en tant que chanteur, écrire ce que je chante. Ma vie a été remplie de l'Evangile. En réalité, je pense qu'un auteur-compositeur est une éponge sèche au départ, des larmes de peine et de joie la remplisse, alors à chaque fois on presse et on recommence. L'Evangile et l'Eglise sont deux thèmes qui m'ont beaucoup inspiré. Je vous propose donc le plus humblement du monde d'en coucher quelques-unes pour épiloguer ce petit livre.

ENTENDS

Viendras-tu dans mon désert,

Depuis longtemps je t'espère et j'attends toujours.

Depuis longtemps je t'attends,

Je te cherche dans le vent à la fin du jour.

Où est ton amour ?

Où est ta flamme ?

Je me perd dans la nuit, et j'ai froid.

Ref : Entends, le cri de ma prière,

Et viens changer mon cœur de pierre, en cœur de chair

Entends, le cri de ma prière,

Et viens changer mon cœur de chair

En pure lumière.

Viendras-tu dans mon silence,

Me donner la délivrance, me donner ma chance ?

Depuis longtemps je t'implore,

De la levée de l'aurore, à la fin du jour.

Je veux ton amour, je veux ta flamme

Qui m'éclaire et qui guide mes pas

Tu m'as sorti du désert,

Tu m'as montré la lumière,

Je t'ai retrouvé.

Quand il fait nuit sur la terre,

Quand le monde est à l'envers, il suffit d'aimer.

Je sens ton amour, je sens ta flamme,

Qu'il est bon d'être bien dans tes bras.

Que pour moi

Mon histoire d'amour avec lui,
Est un immense compromis,
Il est ce père qui, dans les cieux,
Me dit qu'il n'a d'yeux que pour moi.
Certes il me laisse vivre ma vie,
Mais sans me quitter du regard,
Il est sentinelle dans la nuit,
Lorsque mon âme se couche tard.
Il est à la fois homme et femme,
Le feu, la force et puis le charme.
On dit que Lui seul suffit,
Pour puiser toute une énergie.
Si je ne comprends pas toujours,
La trajectoire de son amour,
Il est le rempart qui protège,
De ces ennemis en cortège,
Qui viennent me prendre pour cible,
Dans mes instants les plus pénibles,
Il me délivre de mes démons,
Je n'ose vous dire son Nom.
Il n'a que faire de mes péchés,
C'est vrai qu'il les compte par milliers,
Mais pour moi comme pour chaque homme,
Il les jette quand il pardonne.
Il sait très bien qu'au fond de moi,
Il y a un enfant peu habile.
Un paumé dans le désarroi,
Un Robinson seul sur son île.
Je ne suis pas digne de Lui,
Mais s'il vient me dire juste un mot,

Je sais que je serai guéri,
Bercé par l'amour le plus beau.
Alors à compter de ce jour,
Pour lui chanter tout mon amour,
Je vais changer ma carapace,
Je vais m'imprégner de sa face.
C'est vrai, je ne l'ai jamais vu,
Du moins c'est ce que j'avais cru,
Il est dans une main qui se tend,
Il est, parce que je suis vivant.
Il est mon tout, il est mon père,
Vous, qui me prenez pour un fou,
Lorsque je l'invoque en prière,
Je le supplie aussi pour vous.
Il est encore temps de changer,
Et puisque nous sommes des frères,
Il n'est pas là pour nous juger...mais,
Pour nous faire passer la frontière.
Mon histoire d'amour avec Lui,
Je la construis, pas après pas,
Je sais, c'est sûr qu'Il est celui,
Celui qui n'a d'yeux...que pour moi,
Dieu que pour moi...Dieu.

Femme de Samarie

Tu me donne l'eau vive puisée à ta fontaine,
Elle vient se mélanger dans le sang de mes veines.
De ton cœur à mon cœur, de ton âme à la mienne
Je me souviens de toi jolie Samaritaine.

Je te donne l'amour, je te donne le miel,
Une parole vraie qui ce soir sera tienne,
Quelques mots en versets pour te dire que je t'aime
Qui seraient insufflés par le Père lui-même.

De ce puits de Jacob, dis-moi que reste-il ?
Si ce n'est que l'espoir qui renaît des abimes.
On te disait curieuse, moi je t'ai vu humaine,
De ma source jaillira le Royaume Eternel.

Femme de Samarie ne crains pas je t'en prie,
Saisis-toi de mon eau, sais-toi de ma vie.
Que tu me vois devin, prophète ou bien Messie,
Ma rivière est en cru et mon amour aussi.

Gardes ces quelques mots comme un cadeau du ciel,
Une Parole vraie qui demain sera tienne.
Dans l'enfer de la vie reste toujours la même
Si le Père et l'Esprit dans ta rivière se mêlent,
Le Fils fera de même.

Du passé, des héros, la chanson sépia.

Je cherchais ma guitare au cœur de mon foutoir,
Bien rangée quelque part mais où donc, vas savoir,
Quand je fus attiré par ce très vieux placard
Renfermant des trésors, venus de nulle-part,
Des photos racontant la vie des gens naguère,
A l'odeur d'avant, à l'odeur de la guerre.
Des mamans qui pleuraient leurs fistons militaires,
Allant se faire tirer comme des pigeons en l'air.
Ça sentait bon le vieux, comme chez un antiquaire,
Mais ça puait la vie qu'on menait autrefois,
Toutes ces vies volées et tous ces cimetières
Que l'on voit aujourd'hui à Verdun ou à Troyes.
Ces enfances volées à cause de ces bombes qui tombent,
Ces moments dans les caves ou l'on ne savait pas,
Si l'avenir serait ensoleillé ou sombre
Et si un jour on allait se revoir ou pas.

A vous entendre vous aimeriez remettre ça,
Là on ne vous laissera pas faire.
En y pensant j'en frissonne déjà mais tu vois,
Faut jamais revenir en arrière.

J'ai rangé les photos, refermé le placard,
J'ai écrit quelques mots joué sur ma guitare,
Juste histoire de donner un sens à tout ça
Juste histoire de montrer à l'av'nir autrefois.
Ces morceaux de clichés qui me semblaient usés,
Ces méchantes photos qui semblaient oubliées,
M'ont permis d'apprivoiser tous ces moments-là,
Et d'écrire une chanson de couleur sépia.

Que puis-je attendre ?

Que puis-je attendre d'un miracle,
Que puis-je entendre dans la prière
Que puis-je comprendre de mes actes
Qui ne sont que souvenirs d'hier.
J'attends tellement de l'Evangile,
Cette parole de vérité,
Qui vient ouvrir dans mon exil
Ce cénacle où je me taisais.

Comprendre la résurrection,
Quand un Lazare est mort deux fois,
Mais Jésus dans son ascension
A déjà fait tomber la croix.
Il vient nous envoyer ce vent,
Celui qui souffle quand il veut
Pour faire que dans le temps présent
Je puisse être témoin de Dieu.

Abba papa.

Abba papa,
Dès que tu as créé les mers
Ton esprit planait sur les eaux.
Abba papa,
Et durant tous ces millénaires
Tu t'es mis à notre niveau.
Je te revois dans ces colères,
Et dans ces moments les plus fous,
Où déjà dans quelques prières
Tu te disais un Dieu jaloux.

Abba papa,
Je te vois comme l'unique Père
D'une humanité que tu portes.

Abba papa,
Et durant mes temps de désert
C'est toi mon père qui me porte.
Dans ces moments de vide intense,
Tu me remplis de ton amour.
Tu viens mettre fin aux violences
Et tu m'apporte ton secours.

Abba papa,
Tu nous as envoyé ton fils,
Tu t'es montré tu t'es fait homme.
Abba papa,
Depuis l'unique sacrifice,
Je fais partie de ton royaume.
Je suis l'un de tes descendants,
Membre vivant du Corps du Christ

Je t'ai rencontré en pleurant

Mais avec toi je n'suis plus triste.

Pour finir

Quelle joie d'être chrétien, être chrétien c'est un projet qui me rend heureux, qui me renouvelle, qui me transcende chaque matin. Cette aventure avec le Christ m'a conduit sur le chemin de l'Eglise Une. Même si je me sens bien dans ma famille catholique, je sais que d'autres demeures dans la maison du Père ont aussi soif de cette unité. L'union des chrétiens vit elle aussi sa période de désert. Durant cette période, elle rencontre Dieu et tente d'en sortir par des rencontres, des réflexions, des colloques, des temps de prière comme cette semaine de prière pour l'unité des chrétiens souhaitée par le père Paul Couturier, de bienheureuse mémoire.

Le désert ce n'est pas être en panne, c'est cette période nécessaire qui nous permet de nous projeter dans ce que le Père attend de nous.

Nous ne sommes pas chrétiens pour nous-mêmes, nous devons répondre à la mission à laquelle le Christ nous appelle, nous devons à notre tour et en Son Nom, témoigner, appeler, baptiser et de fait, faire des chrétiens qui, à leur tour seront témoins de cette Bonne Nouvelle.

L'amour proclamé par Notre Seigneur n'est pas simple à vivre. Nos chaos, nos colères, nos péchés sont encore très accrochés à notre essentiel. Cependant, il nous est possible de nous relever de nos chutes, des Béatitudes à l'enfant prodigue, de la crèche à la croix, la résurrection du Christ nous apporte la vie éternelle.

Ce petit coin de Galilée dans lequel Jésus s'est exprimé, il est aujourd'hui le monde entier. L'amour a besoin de se dire, de s'offrir et de se vivre. Nous sommes les nouveaux acteurs des Actes des Apôtres, alors, sur nos routes n'oublions jamais ce qu'ils nous ont transmis : les missions fondamentales de l'Eglise.

De l'Eglise au désert pour revenir à l'Eglise, c'est pour moi aujourd'hui simplement cette parole de Jésus qui résonne en moi : "Tu dois fleurir là où tu as été planté.

La Seyne sur mer Juin 2024.

Printed by Books on Demand GmbH, Norderstedt / Germany